JAPAN
INSIDER-TIPP
Deine Abkürzung ins Erleben!
Reisen mit MARCO POLO Insider-Tipps

MARCO POLO TOP-HIGHLIGHTS

MORI BUILDING DIGITAL ART MUSEUM: TEAMLAB BORDERLESS 1

Digitale, interaktive Kunst mit Licht-Animationen, bei denen du selbst kreativ werden kannst. Lass dich von deiner Fantasie durch dieses Labyrinth leiten!

📷 *Tipp: Je aktiver du bist, desto cooler werden deine Fotos. Berühr, was du siehst! Elefanten werden zu Blumen, Schriftzeichen lösen Regen und Blitz aus.*

➤ S. 66, Tokio & der Osten

KAMAKURA 2

Die alte Kaiserstadt ist voller kultureller Schätze – der größte und gewichtigste ist der auf einer Lotusblüte sitzende Große Buddha Daibutsu.

➤ S. 74, Tokio & der Osten

SHIRETOKO-NATIONALPARK 3

Wanderungen und Bootstouren in großartiger Natur: Schau Bären beim Lachsfrühstück zu!

📷 *Tipp: Nimm unbedingt ein gutes Zoomobjektiv mit und eine Kamera, der Spritzwasser nichts ausmacht.*

➤ S. 46, Der Norden

TOSHOGU-SCHREIN 4

Die prächtige religiöse Anlage in Nikko mit vielen Tempeln und Schreinen liegt wunderschön inmitten hoher Zedernwälder.

📷 *Tipp: Gegen Nachmittag kann es inmitten der Bäume etwas düster werden, nutz daher die Vormittagsstunden.*

➤ S. 73, Tokio & der Osten

KAIYUKAN-AQUARIUM 5

Faszinierende Unterwasserwelt in Osaka. Riesige Mantarochen gleiten elegant durchs Wasser und fast durchsichtige Quallen schweben wie Meeresfeen dahin.

➤ S. 96, Zentraljapan

MIYAJIMA 6

Unweit von Hiroshima leuchtet das zinnoberrote Tor des *Itsukushima*-Schreins vor der Küste der Insel schon von Weitem.

Tipp: Warte auf die Flut, dann sehen das Tor und der Schrein dahinter aus, als würden sie auf dem Wasser schweben.

➤ S. 109, Der Westen

WHALEWATCHING AUF OKINAWA 7

Um die Insel Zamami-jima tummeln sich besonders viele der riesigen Meeressäuger. Ein unvergessliches Erlebnis!

➤ S. 134, Der Süden

NAOSHIMA 8

Lass dich inspirieren: Moderne Kunst und Museen von berühmten Architekten auf einer Insel in der Seto-Inlandsee.

Tipp: Nimm Yayoi Kusamas riesige Kürbis-Installation am Ufer ins Visier!

➤ S. 137, Erlebnistour 1

JIGOKUDANI-SCHNEEAFFENPARK 9

Nicht nur Menschen, auch Japanmakaken lieben im Winter das Bad in heißen Quellen – werde Zaungast in diesem Tal in den Bergen von Nagano.

➤ S. 83, Zentraljapan

FUSHIMI INARI-TAISHA 10

Unzählige rote Tore winden sich den Berg hinauf – eine einmalige Kulisse am größten Fuchsschrein Japans in Kyoto (Foto).

➤ S. 90, Zentraljapan

INHALT

DER NORDEN
ZENTRALJAPAN
TOKIO & DER OSTEN
DER WESTEN
DER SÜDEN

Besuch planen
€-€€€ Preiskategorien
(*) Kostenpflichtige Telefonnummer
Essen/Trinken
Shoppen
Ausgehen
Top-Strände

(A2) Herausnehmbare Faltkarte
(a2) Zusatzkarte auf der Faltkarte
(0) Außerhalb des Faltkartenausschnitts

BESSER PLANEN MEHR ERLEBEN!

Digitale Extras
go.marcopolo.de/app/jap

DAS BESTE ZUERST

So schön ist Japan zur Kirschblüte! Das Sahnehäubchen: der Fuji

BEST OF BEI REGEN

SCHÖN, AUCH WENN ES REGNET

DU BIST OLYMPIAREIF!

Statt Regen wirst du in Sapporo häufiger dicke Flocken vom Himmel fallen sehen. Aber kein Problem: Im *Sapporo Olympic Museum* kannst du im Trockenen per Simulator vom Schanzentisch abheben oder dich mit 130 Stundenkilometern eine virtuelle Bobbahn hinabstürzen.

➤ S. 45, Der Norden

TAUSENDUNDEINE STATUE

In der Tempelhalle *Sanjusangen-do* in Kyoto blicken dich 1001 Statuen der Barmherzigkeitsgöttin Bodhisattva Kannon an, in Lebensgröße. Jede sieht ein bisschen anders aus – findest du die Unterschiede?

➤ S. 90, Zentraljapan

AUF TAUCHKURS

Im *Okinawa-Churaumi-Aquarium* (Foto) werden nur die Fische nass, außer du möchtest im Okinawa-Becken einmal in den Tank greifen, um Seeschnecken zu berühren. Bestaun die eleganten Mantarochen durch die größte Acrylglasscheibe der Welt.

➤ S. 134, Der Süden

UNTERIRDISCH WANDERN

Erkunde die *Akiyoshido-Kalksteinhöhle*, die größte und längste Japans, auf einem gut ausgeleuchteten Weg. Und lausch auf das Rauschen des Flusses und der Wasserfälle!

➤ S. 115, Der Westen

WELTGESCHICHTE VERSTEHEN

Was bedeutet es, wenn eine Atombombe über einer Stadt abgeworfen wird? Im *Friedensmuseum Hiroshima* und im *Atombombenmuseum Nagasaki* erfährst du anhand von Zeitzeugenberichten, Fotos und geschmolzenen Überresten, was die Opfer noch Jahrzehnte nach dem Zweiten Weltkrieg durchmachen mussten.

➤ S. 108, Der Westen, S. 127, Der Süden

BEST OF LOW-BUDGET

FÜR DEN KLEINEN GELDBEUTEL

SCHNÄPPCHENJAGD AUF HÄPPCHEN

Supermärkte, Kaufhäuser und Bahnhöfe verkaufen viele frische Fertiggerichte. Kurz vor Ladenschluss wird gern der Preis heruntergesetzt – meist zu erkennen an gelben Stickern. Ideal für ein kulinarisches Abenteuer.

BLÜTENPRACHT BESTAUNEN

Ob zum *people watching* oder zur Kirschblüte (Foto) – im weitläufigen *Ueno-Park* mit seinen Museen, Cafés und Tempeln bist du immer richtig. Im Sommer ist besonders der Lotusblütenteich wunderschön.

➤ S. 63, Tokio & der Osten

GEBRAUCHT IST IN – UND NACHHALTIG

Book OFF, Hard OFF, Hobby OFF, Mode OFF – in Japan gibt es viele große Gebrauchtwarenmärkte, in denen du von Socken über Animefiguren bis zu High-End-Stereoanlagen so ziemlich alles findest – selbst Dinge, nach denen du nie gesucht hast. Liquor OFF verkauft ungeöffnete Spirituosen.

UNTER DIE HAUBE SCHAUEN

Bei Fabrikführungen von *Toyota* und *Mazda* siehst du, wie Fahrzeuge am laufenden Band produziert werden – Probesitzen inklusive. Die Touren sind kostenlos, du musst sie aber vorab online reservieren.

➤ S. 88, Zentraljapan, S. 108, Westjapan

FÜR 100 YEN SHOPPEN

Bring mir dies mit, bring mir jenes mit – vor einer Japanreise kann die Wunschliste von Familie und Freunden schon mal länger werden. Günstig fündig – und qualitativ für den Preis in Ordnung – wirst du in den *100-Yen-Läden*. Für rund 80 Cent pro Stück, manchmal auch etwas mehr, bekommst du dort alles: Stäbchen, Schälchen, Snacks …

BEST OF

MIT KINDERN

SPANNENDES FÜR GROSS & KLEIN

GRENZENLOS KREATIV

Tauch ein in ein digitales Meer aus Licht und Farben! Im *Mori Building Digital Art Museum: Teamlab Borderless* wirst du selbst zum Künstler. Über spezielle Scanner können Klein und Groß ihr Selbstgemaltes digitalisieren und so zum Leben erwecken.

➤ S. 66, Tokio & der Osten

MIT DINOS AUF DU UND DU

Viele Kinder gehen durch eine Dinosaurier-Phase – deine auch? Dann rein ins *Fukui Prefectural Dinosaur Museum* mit seinen 42 vollständigen Skeletten. Im Steinbruch könnt ihr selbst nach Fossilien klopfen.

➤ S. 86, Zentraljapan

WILDWASSER-ACTION

Nervenkitzel pur! Aber keine Sorge, die Bootsführer wissen genau, was sie tun! Oft steuern sie die Boote haarscharf, aber immer sicher an den Felsen vorbei und durch Stromschnellen des *Hozugawa* im Nordwesten von Kyoto – die am Ufer vorbeiziehende Szenerie ist traumhaft.

➤ S. 92, Zentraljapan

FOTOSHOOTING MIT SUPER MARIO

In den *Universal Studios Japan* in Osaka erkundest du mit deiner Familie Filmwelten von „Jurassic Park" bis „Harry Potter". Du begegnest Lieblingsfiguren wie den Minions und stürzt dich in der Achterbahn in die Tiefe.

➤ S. 97, Zentraljapan

SCHAU MAL, EIN WAL!

Von Ende Dezember bis Anfang April können Kinder um die *Okinawa-Inseln* den Giganten der Meere begegnen. Zwischen Mai und Oktober seht ihr im *Shiretoko-Nationalpark* beim *Whalewatching* Pottwale, Orcas, Delfine und Seehunde.

➤ S. 134, Der Süden, S. 47, Der Norden

BEST OF

TYPISCH

DAS ERLEBST DU NUR HIER

KUNSTWERKE AUF RÄDERN

Damit es beim *Nebuta Matsuri* in Aomori so richtig rundgehen kann, werkeln Künstler vorher wochenlang. Die meterhohen, von innen beleuchteten Festwagen aus Holz, Draht und bemaltem Papier werden dann durch die Straßen gezogen, begleitet von Trommlern und Tänzern.

➤ S. 45, Der Norden

BETENDE BAUERNHÄUSER

Mitten in den Bergen liegt *Shirakawago*, eine Reihe von Dörfchen mit einmaligen Bauernhäusern, deren steile Dächern wie zum Gebet gefaltete Hände aussehen (Foto). Sie wurden ohne einen einzigen Nagel errichtet.

➤ S. 87, Zentraljapan

GARTEN MIT VULKAN

Mit seinen Teichen und Bächen, Bambusbäumen und Kiefern ist der *Sengan-en-Garten* ein wunderschöner Anblick – auch weil die Silhouette des aktiven Vulkans dahinter perfekt mit ihm harmoniert. Dank verschiedener Sorten siehst du dort Kirschblüten von Ende Januar bis Mitte April.

➤ S. 130, Der Süden

AUGE IN AUGE MIT DELFINEN

Näher wirst du den Meeressäugern nie kommen! Vor der Küste der Izu-Insel *Mikurajima*, die zu Tokio gehört, kannst du im Sommer mit wilden Delfinen schwimmen.

➤ S. 77, Tokio & der Osten

ÜBERNACHTEN BEI MÖNCHEN

Koya-san ist ein abgelegener Ort in den Bergen von Wakayama. Und doch ist er auch ein Zentrum, und zwar eines des Shingon-Buddhismus, mit rund 100 Tempeln, Pagoden, atmosphärischen Friedhöfen und Steingärten. Eine Tempel-Übernachtung mit vegetarischer Mönchsküche ist eine ganz besondere Erfahrung.

➤ S. 98, Zentraljapan

SO TICKT JAPAN

Der Shinkansen fährt dich pünktlich, zuverlässig und sicher durch Japan

つなげよう、
日本。

ENTDECKE JAPAN

Laut, bunt, busy: An der Shibuya-Kreuzung in Tokio zeigt Japan sich jung und dynamisch

An einem Schrein im Tokioter Geschäftsviertel Toranomon ziehen Gläubige an farbigen Bändern. Eine Glocke ertönt. Dann werfen die Schreinbesucher, darunter auch Geschäftsleute in dunklen Anzügen, eine Münze in eine hölzerne Box, klatschen in die Hände, verbeugen sich, klatschen wieder. Wo früher Bäume und kleine Holzhäuser standen, ragt heute neben dem Heiligtum ein Büroturm aus Glas und Stahl auf. Alt und Neu eng beisammen und miteinander verwoben, das ist typisch Tokio, typisch Japan.

INSELN OHNE ENDE

„Wer bin ich – und wenn ja, wie viele?" Wenn sich Japan diese Frage stellen könnte, würde die Antwort lauten: vier große und Tausende kleine. Denn die ostasiatische Inselnation besteht aus vier Hauptinseln – Hokkaido, Honshu,

660–585 v. Chr.
Japans erster, mythischer Kaiser Jimmu regiert

794–1192
Heian-Zeit: Kyoto ist Hauptstadt

1192–1333
Kamakura ist Residenz

1603–1868
Edo-Zeit: Reichseinigung, Abschließungspolitik gegenüber dem Ausland, kulturelle Blüte

Ab 1868
Meiji-Restauration: Erneuerung der Macht des Kaisers

1895–1945
Kriege mit China und Russland; Taiwan und Korea werden Kolonien

Shikoku und Kyushu – und an die 7000 weiteren Eilanden, von denen jedoch nur rund 420 bewohnt sind. Aber selbst wenn man auf der größten Insel Honshu bliebe, könnte man glauben, gleich mehrere Länder und Klimazonen zu durchqueren. Während die dem Japanischen Meer zugewandte Seite viel Schnee abbekommt und klimatisch Deutschland ähnelt, hat die Pazifikseite eher Mittelmeerflair. Die Sommer dort sind feucht-schwül – vor allem in den Betonwüsten von Tokio und Osaka –, die Winter sonnig und angenehm mild mit Temperaturen, die kaum unter den Gefrierpunkt fallen. Noch einmal ganz anders sind die Amami- und Okinawa-Inselketten, wo Japan seine im Ausland kaum bekannte subtropische Seite zeigt. Durchschnittlich 23,5 Grad im Jahr, weiße Sandstrände und türkisblaues Meer können sich dort sehen lassen.

BERGE, BEBEN UND GÖTTER

Doch das auffälligste Merkmal an Japan ist eines, das man sich im Großstadtdschungel kaum vorstellen kann: Vier Fünftel der Landfläche bestehen aus Bergen, darunter viele schlafende, aber auch über 100 aktive Vulkane. Der bekannteste ist zugleich der höchste: der 3776 m hohe Fuji – ein Symbol Japans und in der japanischen Naturreligion des Shintoismus als heilig verehrt. 1707 brach er zuletzt aus. 1923 zerstörten ein schweres Erdbeben und nachfolgende Brände Tokio – ein Schicksal, das 1995 auch Kobe ereilte. Die Pazifikküste wurde im vergangenen Jahrhundert nach Unterseebeben mehrfach von Tsunamis heimge-

1945 Atombomben auf Hiroshima und Nagasaki, Kapitulation Japans

1971 Die USA geben Okinawa an Japan zurück

1989–2019 Heisei-Zeit unter Kaiser Akihito

2011 Tsunami und Atomkatastrophe in Fukushima

2019 Krönung von Kaiser Naruhito, Beginn des Reiwa-Zeitalters

2023 Die Besucherzahlen sind höher als vor der Pandemie, auch dank des günstigen Yen sucht. In Japan lernen schon Kinder, mit den Gefahren der Natur umzugehen. Und das ganze Volk – und einige Affen dazu! – nutzt mit Leidenschaft die positive Seite seiner lebendigen Geologie, nämlich die vielen heißen Quellen.

WOLKENKRATZER UND HOLZHÄUSER

Dem Klischee nach sind japanische Wohnungen winzig. Fährst du jedoch aufs Land, siehst du dort riesige Bauernhäuser aus Holz und mit schweren Ziegeldächern, in denen mehrere Generationen Platz haben. Allerdings ist das typische Apartment in Tokio deutlich kleiner. „Tokio ist so hektisch, da sind so viele Leute!", sagen Japans Provinzbewohner, die ihrerseits in kleinen Siedlungen und eingeschworenen Gemeinschaften leben (denn der Reisanbau ist Teamarbeit!) und Landwirtschaft oder Fischfang betreiben. Während auf dem Land viele das essen, was sie im eigenen Garten anbauen, gehen die Städter oft auswärts essen oder holen sich Fertiggerichte aus rund um die Uhr geöffneten Convenience Stores.

ANBANDELN SCHWER GEMACHT

Das Heer der *Salarymen, -women und Office Ladies,* kurz *OL,* wie in Japan Angestellte genannt werden, dominiert das Straßenbild. Dunkle Anzüge mit Hemd und Krawatte sind für Männer Pflicht – außer im schwülen Sommer zur *Cool-Biz*-Zeit –, für Frauen heißt der Dresscode Kostüm und High Heels. Sich ohne professionell manikürte Fingernägel oder gar ohne Make-up ins Büro zu wagen gilt als Fauxpas. So schick alle aussehen, so wenig Effekt scheint das auf das andere Geschlecht zu haben. Die Eheschließungen gehen zurück und das Heiratsalter ist inzwischen wie in Europa auf über 30 gestiegen. Vor allem auf den Dörfern herrscht Frauenmangel. Was beim Anbandeln auch nicht hilft, sind extrem lange Arbeitszeiten bis in die Nacht. Hinzu kommen Pendelzeiten von einer Stunde und mehr.

JÜNGER UND WEIBLICHER

Die Politik will Japan, das bereits jetzt eine *Super-Aging Society* ist, wieder verjüngen. Sie versucht Anreize für Familien zu geben, finanziell und durch mehr Kinderbetreuung. Außerdem appelliert sie an die Wirtschaft, Frauen mehr zu fördern – schließlich werden ja Arbeitskräfte gebraucht, und Immigration ist für Japan, das sich als homogen betrachtet, ein heikles Thema. Seit dem Zweiten Weltkrieg beherrschen die konservativen Liberaldemokraten die Politik, deren Orientierung sich in den vergangenen Jahren vor allem unter Premierminister Shinzo Abe zunehmend nach rechts verlagert hat. Und was ist nun mit den Geishas, Ninjas und Samurai, mit Cosplay, Maid-Cafés und Pokémon? Auch dieses Japan gibt es. Freu dich jeden Tag über neue Entdeckungen und Überraschungen, und fang schon mal an zu sparen: Wen der Japan-Virus einmal gepackt hat, der wird ihn so schnell nicht mehr los.

AUF EINEN BLICK

124,6 MIO.
Einwohner, davon 38 Mio. in der Metropolregion Tokio

Deutschland: 84,3 Mio.

2.120.000
Verkaufsautomaten im Land

Deutschland: 612.000

34.000 km
Küstenlänge

China: 14.500 km

378.000 km²
Fläche

Deutschland: 357.000 km²

HÖCHSTER BERG: FUJI

3.776 m

Zugspitze: 2.962 m

GEBURTENRATE

1,3

Kinder bekommt eine Japanerin im Durchschnitt.
Deutschland: 1,48

SCHRIFTZEICHEN

2.136

Zeichen muss ein Schulkind in Japan lernen.

TEUERSTER THUNFISCH

2,7 Mio. Euro wurden für einen 278 kg schweren Thunfisch bei der Neujahrsauktion 2019 im Tokioter Fischmarkt geboten.

SHINJUKU

Meistfrequentierter Bahnhof der Welt mit 3,5 Mio. Passagieren pro Tag

HÖCHSTER FERNSEHTURM DER WELT
Tokyo Skytree (634 m)

ÄLTESTE ERBMONARCHIE DER WELT
2700 Jahre

JAPAN VERSTEHEN

NASENTÜCHLEIN

Schon vor der Corona-Pandemie war in Japan das Tragen eines Mund-Nasen-Schutzes im Alltag völlig normal – nicht nur im Labor, im Kontakt mit Patienten oder Lebensmitteln. Wenn man erkältet ist, wird das von anderen erwartet. Umgekehrt tragen gerade zur Grippezeit in den vollen Zügen viele eine Maske, um nicht selbst krank zu werden. Auch bei Allergien, etwa gegen Zedernpollen, raten Ärzte zu dieser Maßnahme. Im Winter wärmt die Maske das Gesicht. Manche verstecken sich auch dahinter. „Ich hatte heute noch keine Zeit, mich zu schminken", hört man etwa von jungen Frauen.

FAKE FOOD

In Japan zu reisen und gut zu essen, ohne die Landessprache zu sprechen, ist überraschend einfach. Denn viele Lokale stellen ihre Gerichte nachgemacht aus Plastik ins Schaufenster. Einfach draufzeigen – fertig! Du kannst diese Plastikmodelle *(shokuhin sanpuru)* auch als Souvenir für zu Hause kaufen. Wie wär's mit einer Scheibe (Fake-)Schinken als Lesezeichen?

INSIDER-TIPP
Zum Reinbeißen!

OLYMPIA

Schon mal mit der Monorail-Bahn vom Flughafen Haneda ins Stadtzentrum gefahren oder mit dem Superschnellzug Shinkansen nach Osaka gedüst? Sie stammen aus jener Zeit, als Tokio 1964 die ersten Olympischen Spiele in Asien ausrichtete – mitten im japanischen Wirtschaftswunder. Der Bauboom machte die Stadt praktischer, aber nicht unbedingt schöner. Mangels Platz stellte man die Monorail und die neue Stadtautobahn kurzerhand auf Stelzen über die Kanäle – schlecht für Fischer und Wasserqualität. Hinter den Kulissen regierten Korruption und die japanische Mafia. Nach Ausrichtung der Olympischen Winterspiele in Sapporo 1972 und Nagano 1998 war Tokio im Sommer 2021 erneut an der Reihe. Der Bauboom war bei Weitem nicht so extrem wie 1964, ist aber nicht zu übersehen. Alte Häuser verschwanden, Hotels in Hochhäusern eröffneten. Eine Kontroverse gab es um das Nationalstadion. Die Britin Zaha Hadid sollte es bauen, bis angeblich zu hohe Kosten dem Projekt ein Ende setzten. Zum Zug kam schließlich der einheimische Architekt Kengo Kuma.

KAISERFAMILIE

Bis Ende des Zweiten Weltkriegs galt der Kaiser in Japan als gottgleich. Erst bei seiner Radioansprache zur Kapitulation hörten die Japaner zum ersten Mal seine Stimme – und verstanden kaum ein Wort, weil der *tenno* eine ganz eigene Form des Japanischen spricht. Laut der Nachkriegsverfassung ist der Kaiser nur noch Staatssymbol und von politischem Engagement ausgeschlossen. Trotzdem haben sowohl Hirohito wie sein Nachfolger Akihito (der bis 2019 Kaiser

Ich nehm das da: Ein Fingerzeig, und der Koch macht dir aus Fake Food Fine Food

war) seither Zeichen gesetzt und sich für Frieden und Versöhnung engagiert, indem sie beispielsweise Nachbarländern, die unter dem japanischen Militär gelitten hatten, Besuche abstatteten. Obwohl es auch schon Kaiserinnen gab, ist die Nachfolge aktuell laut einem Gesetz von 1889 nur männlichen Nachkommen möglich. Als der damalige Kronprinz und jetzige Kaiser Naruhito mit seiner Frau Masako ein Mädchen namens Aiko bekam, überlegte man, durch eine Reform eine drohende Nachfolgekrise abzuwenden. Solche Debatten verstummten, als die Frau von Naruhitos jüngerem Bruder, Kiko von Akishino, 2006 einen Jungen zur Welt brachte. Frauen wird es auch in anderer Hinsicht schwer gemacht: Heiratet ein weibliches Mitglied der Kaiserfamilie, muss sie ihren adligen Status aufgeben. Als Sayako, die einzige Tochter von Kaiser Akihito und Kaiserin Michiko, 2005 einen Tokioter Stadtplaner heiratete, musste sie ausziehen. Fortan lebte sie mit ihrem Mann in einer Wohnung mit nur einem Schlafzimmer. Außerdem musste sie erst einmal lernen, wie man Lebensmittel und Möbel einkauft.

KAISERKALENDER

Japan nutzt zwar wie Deutschland den gregorianischen Kalender, aber verwendet noch einen eigenen, der die Jahre nach der Krönung des Kaisers zählt. Die Thronbesteigung von Akihito 1989 läutete die Heisei-Ära ein und löste damit die Showa-Ära ab, die seit 1926 unter seinem Vater Hirohito galt. 2019 bestieg Akihitos Sohn Naruhito den Chrysanthementhron. Im Mai 2019 hat in Japan damit die Reiwa-

Ära begonnen. Der neue Name betrifft nicht nur Kalender- und Formulardrucker – sondern auch die gesamte IT-Welt, vergleichbar mit dem Jahr-2000-Problem.

GLÜCKSBRINGER

Glück hat man in Japan nicht, man kauft es – oder versucht es zumindest. Was bringt die nähere Zukunft? Das

Glück in der Liebe? Ein Blick aufs Orakelzettelchen verschafft dir Gewissheit

verraten dir *omikuji,* Glückslose, die du an fast jedem Schrein und manchem Tempel für einen kleinen Obolus bekommst. Auf den Losen gibt es Abstufungen von großem Glück bis zu großem Pech, Bereichen wie Arbeit, Lernen, Liebe oder Reisen zugeordnet. Glück verheißende Orakel nimmt man mit nach Hause, die anderen knotet man vor Ort an dafür vorgesehene Strippen. Du willst dein Glück nicht dem Zufall überlassen? Dann sind *omamori* das Richtige – Amulette in Form kleiner bestickter Stoffbeutel.

In Japan sind Pechjahre *(yakudoshi)* übrigens vorherbestimmt: Bei Frauen sind die kritischen Jahre im Alter von 19, 33, 37 und 61 Jahren, bei Männern mit 25, 42 und 61 Jahren. Dazu kommt jeweils noch ein Vor- und ein Nachpechjahr. Lebensverändernde Entscheidungen sollten dann lieber aufgeschoben oder mit viel Vorsicht getroffen werden. Aber auch kein Glück ist von ewiger Dauer. Es wird empfohlen, die Glücksbringer nach einem Jahr zu ersetzen.

MÜTTERDISKRIMINIERUNG

Jede vierte japanische Arbeitnehmerin hat es erlebt: *matahara* (vom englischen „maternity harassment"), die Diskriminierung von (werdenden) Müttern. Schwangere werden gehänselt, herabgestuft, schlechter bezahlt oder gleich entlassen. Dass *matahara* Eingang in die Alltagssprache gefunden hat, ist auch Sayaka Osakabe zu verdanken. Die Tokioterin gründete 2014 Matahara Net, eine Freiwilligenorganisation, die Betroffene – wie Osakabe selbst – unterstützt. Ihr Chef wollte sie zwingen, sich zwischen Job und Kind zu entscheiden. „Wenn man eine Woche zu Hause bleibt, weil man erkältet ist, wird das akzeptiert. Nicht aber, wenn man wegen der Schwangerschaft fernbleibt, denn daran ist die Frau selbst schuld", so die Frauenrechtsaktivistin. Für ihr Engagement erhielt sie 2015 den „International Women of Courage Award" der US-Regierung, überreicht von Michelle Obama. Im Global Gender Gap Report des Weltwirtschaftsforums, der alljährlich den Grad an Gleichberechtigung der Geschlechter misst, rangiert Japan bei 140 Ländern regelmäßig im letzten Viertel, hinter Nepal, Sierra Leone und Tadschikistan.

NOTLÜGEN

Honne bezeichnet aufrichtige Gefühle, *tatemae* nennt man in Japan die Fassade, die man nach außen zeigt – ein doppelgesichtiges Verhalten, das in Japan wohl eine Spur mehr gepflegt wird als anderswo. Alles Lüge? Die Motivation ist oft, Konflikte zu vermeiden und Harmonie zu wahren. *Tatemae*-Notlügen sind im gemeinschaftsorientierten Japan eine Form der Höflichkeit, die oft auf die Geschichte als *shimaguni* (Inselland) zurückgeführt wird. Willst du herausfinden, was jemand wirklich denkt, oder selbst mal die Maske fallen lassen? Dann am besten in geselliger und alkoholseliger Runde. Gehst du zu weit, kannst du es auf die Promille schieben – was

KLISCHEE KISTE

TÄGLICH ROHER FISCH AUF REIS

Alle Japaner essen ständig Sushi, oder? Na ja, Deutsche essen auch nicht jeden Tag Würstchen. Roher Fisch auf gesäuertem Reis hat einen Siegeszug rund um die Welt hingelegt. Viele Japan-Touristen wollen am liebsten jeden Tag zum *kaitenzushi* – Lokale, wo Sushi auf dem Förderband am Tisch vorbeizuckelt. Japaner hingegen essen Sushi meist nur zu besonderen Anlässen, im Schnitt einmal pro Monat. Die Fließbandlokale sind vor allem bei (hungrigen) Familien mit knappem Budget beliebt. Kenner genießen am Tresen sitzend, in wesentlich teureren Etablissements.

VERRÜCKTE ANIME- UND MANGA-FANS

Als Akihiko Kondo, ein bis dahin unauffälliger Schulangestellter, 2018 die virtuelle Sängerin Hatsune Miku heiratete, sorgte das weltweit für Schlagzeilen. Rechtsgültig ist die Ehe zwar nicht, aber die Hochzeitsfeier lief wie bei Partnern aus Fleisch und Blut ab und war genauso teuer. Stimmt schon, in Japan sind Manga und Anime wichtige Phänomene, aber eine derartige Begeisterung für ein singendes Hologramm mit türkisfarbenen Zöpfen und Röckchen ist selbst den meisten Japanern zu viel.

in Japan für fast jegliches Fehlverhalten akzeptiert wird. Wenn auf deiner Reise etwas schiefgeht und du am liebsten explodieren möchtest, dann greif besser auf *tatemae* und freundliches, aber beharrliches Nachfragen zurück. Gefühle zeigen, laut werden, ausflippen – das wird als kindisch angesehen und ist selten zielführend.

VERPACKUNGSWAHNSINN

Ein bereits in Plastik verpacktes Klebeband wird in eine separate Plastiktüte gesteckt, die wiederum in eine größere Plastiktüte kommt, die den Rest der Einkäufe – Lebensmittel – enthält. Leider kein Einzelfall in Japan! Eigentlich sind Plastiktüten seit 2020 per Gesetz kostenpflichtig. Ausnahme: die großen Edelkaufhäuser. Schließlich ist bei einem dort gekauften Geschenk die Tasche mit dem „richtigen" Logo fast die Hälfte der Miete. Doch auch andere Läden umgehen gern das Verbot, kostenlos Tüten abzugeben.

DATING

Frauen und Männer leben in Japan von klein auf in ziemlich klar getrennten Sphären. Damit sich diese trotzdem überlappen, gehen Singles zu *gokon*. Das sind lockere Dating-Partys, wo die Veranstalter versuchen, möglichst gleich viele Vertreter beider Geschlechter einzuladen. Deutlich ernster geht es bei *o-miai* zu, Eheanbahnungstreffen. Noch bis zur jetzigen Großelterngeneration waren sie Standard. Inzwischen gibt es mehr Liebesheiraten, aber die Vernunftehe spielt weiter eine Rolle, vor allem jenseits der 35. Denn ohne Heirat keine Kinder in Japan! Nur zwei Prozent der Babys in Japan kommen außerehelich zur Welt. Was der Eheschließung jedoch häufig im Weg steht, ist das Geld. Unter einem Jahreseinkommen von 4 Mio. Yen (rund 32 000 Euro) können Japaner bei Japanerinnen kaum landen. Trotz sich wandelnder Geschlechterrollen sehen die meisten den Mann weiter als Versorger, während die Frau für die Kindererziehung zuständig ist. Auch die Rolle als „Berufshausfrau" *(sengyoshufu)* ist unter Japanerinnen attraktiv. Aus Angst vor finanziellen Verpflichtungen und Einschränkungen ihrer Freiheiten verzichten immer mehr junge Menschen gleich ganz auf Ehe und Kinder.

ULTRANATIONALISTEN

Was plärrt da aus den Lautsprechern dieser riesigen schwarzen oder weißen Trucks, geschmückt mit der japanischen Nationalflagge, die durch Tokio cruisen? Martialische Marschmusik, die Nationalhymne und politische Parolen. Darin propagieren *uyoku*, rechtsradikale Ultranationalisten, Militarismus, leugnen Japans Kriegsverbrechen (nur zwei Stichworte: Zwangsprostitution und das Massaker von Nanking 1937) und wollen den *tenno* wieder an die Macht bringen. Auch am Tokioter Schrein Yasukuni-jinja sieht man solche Nationalisten häufig. Hier werden 2,5 Mio. Soldaten geehrt, die für die Kaiserlich Japanische Armee ihr Leben ließen – darunter aber auch 14 ausgewiesene Kriegsverbrecher. Was dazu führt, dass China und Korea die Besuche hochrangiger japanischer Politiker dort als Affront empfinden.

ROBOTERFREUNDE

Japaner haben eine spielerische Einstellung zu Robotern. Seit Jahren experimentiert man mit vermenschlichten Wesen aus Plastik und Metall, die mithilfe Künstlicher Intelligenz künftig noch cleverer werden sollen. Man hofft, dass sie den Arbeitskräftemangel der überalterten Gesellschaft ausgleichen können. Roboterhunde, Roboter-Empfangspersonal, Roboterköche – warum nicht? So wie Tomomi Ota, eine Tokioterin Anfang 30, die mit einem humanoiden Roboter zusammenlebt, denken viele. Sie sieht in Robotern eine neue Kategorie der Existenz neben Menschen und Haustieren. Bei allem technischen Fortschritt ist Japan aber manchmal auch altmodisch: So erfreut sich in der Hightech-Nation das Faxgerät immer noch größter Beliebtheit.

RÜCKZUG

Oft beginnt es mit Hänseleien in der Schule. Bei anderen sind es Probleme an der Universität oder der Jobverlust. Gründe, warum sich Menschen aus dem Leben und in ihre vier Wände zurückziehen, gibt es viele. In Japan soll es etwa 1 Mio. Betroffene geben, die im Durchschnitt elf Jahre lang nicht mehr vor die Tür gehen und sich meist noch im Kinderzimmer einigeln. Man nennt sie *hikikomori*. Die, die es herausschaffen, sprechen vom Anpassungsdruck in der japanischen Gesellschaft, wo jeder, der einmal vom vorgespurten Pfad abweicht, kaum eine Chance auf Rückkehr hat. Auch die Versorgung bei psychischen Problemen ist mangelhaft und *gaman*, Geduld – oder Leidensfähigkeit –, eine in Japan hochgehaltene Tugend.

Domo arigato, Mr. Roboto – in diesem Hotel begrüßen Androiden die Gäste

ESSEN SHOPPEN SPORT

Frisch, auch ohne Fisch: Körbe voll mit eingelegtem Gemüse wie Rettich

¥486-
1本
香ばしい甘口
本干ぬか漬
100g
¥150
洗わずそのまま

ESSEN & TRINKEN

Die japanische Küche ist weit mehr als nur roher Fisch, also Sushi und Sashimi. Sie ist ungeheuer variantenreich und zählt zu den besten der Welt. Beim Geschmack gibt es außer salzig, süß, sauer und bitter noch eine fünfte Dimension – sie heißt *umami* (herzhaft, deftig, intensiv). Während man in China bei Speisen großen Wert auf den Geruch legt, ist in Japan definitiv die Präsentation wichtig.

KNEIPE AUF JAPANISCH

In gemütlichen *izakaya*-Kneipen relaxt Japan nach der Arbeit, oft in abgetrennten Séparées auf Tatami-Matten. Es geht lebhaft zu, ein lautes *irasshaimase* („Willkommen") schallt dir entgegen. Beim Verlassen hörst du ein herzhaftes *arigato gozaimashita* („Vielen Dank"). Die Speisekarte ist umfang- und abwechslungsreich. Oft wird dir eine zu bezahlende Kleinigkeit vorweg serviert (300–600 Yen). Nichtraucherbereiche sind dort eher selten, nehmen aber immer mehr zu.

JAHRESZEITENKÜCHE

In Japan brauchst du keinen Kalender. Geh einfach in den Supermarkt oder ins Restaurant: *Sansai*, frisches Wildgemüse, gibt es z. B. im Frühling, Kürbis und Esskastanien im Herbst. Vor allem die gehobene *kaiseki*-Küche konzentriert sich auf frische, zur Jahreszeit passende Zutaten. Anstatt mit starken Gewürzen und Saucen den Geschmack zu verändern, wird der Eigengeschmack betont.

REGIONALE UNTERSCHIEDE

Japaner lieben regionale Spezialitäten. Während z. B. in der Region um Tokio Nudelgerichte in einer da-shi-Brühe aus gehobeltem Bonito und dunkler Sojasauce serviert werden, stellt man in Zentraljapan *dashi* aus

Das Auge isst immer mit: Fisch und Meeresfrüchte (li.), Pfirsiche in Luxusverpackung

Seetang und Bonito mit einer helleren Sojasauce her. Auf den Okinawa-Inseln gibt es Zutaten wie goya (Bittergurke) und umibudo (Grünalgen), die sich stark vom Angebot im Rest Japans unterscheiden.

WASSER UND TEE FÜR LAU

Wenn du ein Lokal betrittst, warte, bis man dir einen Tisch zuweist. Sobald du sitzt, serviert man dir eisgekühltes Leitungswasser oder japanischen Tee (Grüntee oder Gerstentee) – kostenlos! Dazu bekommst du ein oshibori, ein kleines, feuchtes Tuch, im Winter heiß, im Sommer kalt. Es ist nur für die Hände gedacht! Auch Tee am Schluss der Mahlzeit kostet nichts.

KEINE EXTRAWÜRSTE

Japaner haben eine sehr konkrete Vorstellung davon, wie Gerichte zubereitet werden und schmecken müssen. Es kann bei speziellen Ernährungsanforderungen – etwa wegen Allergien, Intoleranzen oder aus Überzeugung – schwierig sein, Varianten von Gerichten zu bekommen. Wer glutenfrei, laktosefrei, vegetarisch oder vegan isst, sollte anrufen oder passende Lokale recherchieren. Vegetarier sind (meist) mit shojin-ryori gut bedient. Das sind vegetarische Gerichte buddhistischer Mönche.

ANSTÄNDIG ZU TISCH

Statt „Guten Appetit" sagst du *itadakimasu* („ich nehme demütig entgegen") und faltest dazu die Hände kurz vor der Brust. Stäbchen (o-hashi) sind für die meisten Gerichte das typische Esswerkzeug. Bitte nicht damit herumfuchteln oder Essen aufspießen und auf keinen Fall Stäbchen in den Reis stecken oder Essen von Stäbchen zu Stäbchen reichen. Das erinnert Japaner an Beerdigungsriten. Wenn du dir Speisen von einem gemeinsamen Teller nimmst, dreh deine Stäbchen um. Wird dir Reis in einer separaten Schale serviert, nimm sie zum Essen in die Hand. Wer sie restlos leert, bezeugt seinen Respekt gegenüber diesem den Japanern geradezu heiligen Lebensmittel. Genieß den besonderen Geschmack von japanischem Reis, anstatt ihn mit Sojasauce zu „ertränken". Nudelsuppen schlürft man laut – so schmecken sie angeblich besser. Nach dem Mahl sagst du *go-chiso-sama deshita* („es war ein Festmahl") – und zwar sowohl, wenn du eingeladen wirst, als auch beim Verlassen des Lokals.

SÜFFIGER SAKE & WHISKY

Japaner lieben Reis in allen Varianten, auch zu Alkohol fermentiert als Reiswein, genannt *sake* – was allgemein Alkohol bedeutet – oder *nihonshu*. Dieser wird aus Reis, Wasser, Koji-Schimmelpilz und Hefe gebraut und meist gekühlt, nur im Winter auch warm getrunken. Je höher die Qualität, desto stärker poliert ist der Reis, bei *ginjo* mindestens 40 Prozent, bei *daiginjo* 50 Prozent. Reiswein hat 13 bis 18 Prozent Alkoholgehalt. Stärker ist shochu aus Süßkartoffeln, Gerste, Reis, Buchweizen oder Rohrzucker mit 25 bis 37 Prozent Alkoholgehalt. Man trinkt ihn häufig mit (heißem) Wasser verdünnt. Beliebt ist auch *umeshu*, ein süß-fruchtiger Likör aus der Ume-Aprikose, der oft auf Eis oder mit Sodawasser verdünnt getrunken wird. Man schenkt sich übrigens nicht selbst ein, sondern den anderen. Wem eingeschenkt wird, der hält das Glas mit beiden Händen dem Einschenkenden entgegen.

INSIDER-TIPP
Nicht so durstig!

Erst seit etwa 100 Jahren wird Whisky in Japan kommerziell hergestellt – nach schottischer Art, aber mit japanischem Touch: Whisky wird in Fässern aus einheimischem Holz gelagert oder in solchen, die vorher *umeshu*-Likör enthielten. Spätestens seit Bill Murray im Film „Lost in Translation" einen Werbespot für Suntory drehte, ist japanischer Whisky international bekannt und preisgekrönt. Whisky wird in Japan meist verdünnt getrunken, mit Wasser oder Sodawasser.

ESSEN AUS DER BOX

Bento heißen die handlichen Lunchboxen, meist mit Fisch, Fleisch, eingelegtem und gekochtem Gemüse und Reis gefüllt. Die leckersten findest du in den Untergeschossen der Kaufhäuser *(depachika)*, günstiger sind sie in Supermärkten und Convenience Stores. Für Shinkansen-Reisen sind *ekiben*-Bentos praktisch, die du an Bahnhöfen bekommst (aber bitte nicht in der U-Bahn essen!). Handlich sind onigiri-Reisdreiecke, gefüllt z. B. mit sauren Pflaumen oder Lachs.

UNGEWOHNTE NACHSPEISEN

Bohnen in Süßigkeiten? Klingt seltsam, schmeckt aber gut. Gesüßte, mehlige Azuki-Bohnen sind die Basis vieler japanischer Süßspeisen wie *shiruko*, eine Art Bohnensuppe, serviert mit *mochi* (Reiskuchen) und *kuri* (Esskastanien). Wagashi, japanisches Konfekt, besteht auch oft aus Bohnenmus sowie Zucker und Reismehl. Im Sommer sind geleeartige Gerichte beliebt.

Unsere Empfehlung heute

Streetfood

SOBA/RAMEN/UDON
Suppe mit Buchweizen-, dünnen oder dicken Weizennudeln, getoppt mit Gemüse, Fleisch und Fisch

TAKOYAKI
Mit Oktopus gefüllte, gebratene Teigbällchen

Vegetarisches

GEMÜSE-TEMPURA
Im Teigmantel frittiertes Gemüse, mit Salz oder leichter Dip-Sauce

DENGAKU-DOFU
Tofu, gegrillt und mit Miso-Paste bestrichen

NABE
Gemüse und Tofu, in Suppensud kurz gekocht und in Sesam- oder *ponzu*-Sauce (Zitrus-Sojasauce) gedippt

Fleischgerichte

SHABUSHABU
Feuertopfgericht mit hauchdünn geschnittenem Fleisch und Gemüse, gegart in Seetangsud

OKONOMIYAKI
Herzhafte dicke Pfannkuchen, auf der heißen Platte gebraten, gefüllt nach Geschmack, etwa mit Schweinefleisch, Shrimps, Käse und Frühlingszwiebeln

YAKITORI
Gegrillte Hähnchenspieße in einer würzigen Marinade aus Sojasauce, Mirin, Sake und Zucker

Fisch & Meeresfrüchte

KATSUO NO TATAKI
Bonito, außen scharf angebraten, innen noch roh, serviert mit Frühlingszwiebeln, Ingwer und Knoblauch und pikant gewürzt mit Sojasauce, Essig und Zitrone

HOTATE NO BATAYAKI
In Butter gebratene Jakobsmuscheln

Dessert

KUZUKIRI
Geleeartige Nudeln aus der bohnenähnlichen Kuzu-Wurzel, serviert mit braunem Zuckersirup

SHOPPEN & STÖBERN

Japan ist gefährlich für den Geldbeutel, speziell wenn man ein Faible für Kunsthandwerk hat. Die Detailverliebtheit ist unnachahmlich, die Qualität auch. Nach oben ist die Preisspanne offen, auf Flohmärkten kannst du aber manches Schnäppchen machen, und 100-Yen-Läden bieten günstigen Krimskrams.

SCHÖN SCHARF

In der Tokioter „Küchenstadt" Kappabashi, am Fischmarkt oder in den Edelkaufhäusern findest du eine gute Auswahl an japanischen Topmessern. Ein ordentliches Messer gibt's ab 80 Euro aufwärts. Je nach Verwendungszweck unterscheidet sich die Form. Viele haben marmorierte Muster auf der Klinge und den Namen des Meisters in Schriftzeichen eingraviert. Wichtig: Gute japanische Messer sind nicht rostfrei und müssen trocken gehalten werden!

TUPFEN STATT PUDERN

INSIDER-TIPP
Ich bin so matt!

Im schwülen japanischen Sommer Puder aufzutragen verstopft die Poren, aber das Gesicht glänzt trotzdem. Besser greifst du zu *aburatorigami,* Abtupftücher, die auch Geishas traditionell benutzen. Sie sind aus feinem Papier und passen in die kleinste Handtasche. Alle großen Kosmetikmarken wie Shiseido bieten sie an, der bekannteste Hersteller ist *Yojiya (yojiya.co.jp).*

GESCHICKT GEWICKELT

Ein Kimono steht auf der Wunschliste vieler Japan-Besucherinnen ganz oben. Einfacher zum Anziehen ist die Sommerversion, der yukata. Beide findest du in Tokios Edelkaufhäusern, bezahlbarere Modelle bei der Kimonokette *Tansuya* oder beim Familienbetrieb *Sakaeya (kimono-sakaeya.com/Tokyo)* in Harajuku (Tokio). Dort

Farbenfrohe Mitbringsel: gusseiserne Teekannen (li.) und Holzsandalen

kannst du Kimonos auch leihen, bekommst Hilfe beim Ankleiden und kannst ihn bei einer kleinen Teezeremonie probetragen. Schnäppchen in Sachen Kimono und *yukata* lassen sich auf Flohmärkten oder in Second-Hand-Läden machen.

ZEN AUS DEM REGAL

Weniger ist mehr, haben sich die japanischen Hersteller Muji und Uniqlo auf die Fahnen geschrieben und bieten modernen Zen-Minimalismus zum Mitnehmen an. Während sich Uniqlo auf Modebasics von Unterwäsche bis Daunenjacken konzentriert, gibt's bei Muji alles fürs Zuhause – in zeitlosen, gedeckten Farben.

GLÄNZENDE GEFÄSSE

Die Herstellung von Lackwaren hat in Japan seit Jahrtausenden Tradition. In einem aufwendigen Verfahren und unzähligen Arbeitsschritten wird der Lack aus Lackbaum gewonnen und auf einen Träger aufgebracht, meist Holz, aber auch Glas, Leder oder Papier. Das Ergebnis ist bakterienabweisend, leicht, beständig – und wunderschön! Viele Lackwaren werden dann noch mit Gold- und Silberpulver verziert. Die bekanntesten Herstellungsorte sind Wajima und Yamanaka sowie Aizu-Wakamatsu.

GEFALTET UND GEKNOTET

Ein vielseitiges Souvenir ist das tenugui, ein handlich gefaltetes Tuch. Eigentlich ist es ein Handtuch, aber es eignet sich im Sommer auch zum Schweißabtupfen oder als Halstuch. Mit traditionellen Mustern und Motiven bedruckt, sieht es gerahmt hübsch als Wanddeko aus. Die größere Version, das furoshiki, fungiert geschickt geknotet als Tragetasche, z. B. für die Bento-Lunchbox, oder als umweltfreundliche Geschenkverpackung.

SPORT

Rund 70 Prozent der Landesfläche sind bergig – toll zum Wandern oder Skifahren. Und der Süden mit seinen vielen Inselketten ist für Wassersportfans ideal.

SURFEN

Klar, Japan ist nicht so bekannt fürs Surfen wie etwa Australien – dafür gehen die Haiangriffe in Japan gegen Null. Wegen stark befestigter Küsten sind die Wellen vielerorts zwar gezähmt, es gibt aber genug ordentliche Beach Breaks und Rivermouth Breaks. Japans Surfszene ist bei Wassertemperaturen zwischen 17 und 23 Grad rund ums Jahr im Wasser aktiv. Die beste Chance auf hohe Wellen hast du zur Taifun-Saison von August bis Oktober. In der Nähe von Tokio findest du eigentlich immer viele Surfer an den Stränden von Shonan in der Präfektur Kanagawa und zwischen Ohara und Onjuku in der Präfektur Chiba. Der Strand Shirahama auf der Izu-Halbinsel hat einen guten Beach Break zum Surfen und ist schön zum Chillen danach. Fortgeschrittene nehmen die Fähre von Tokio zur Insel Nijima. Gute Reef Breaks gibt's an der Küste von Miyazaki in Kyushu und vor der Insel Amami-Oshima in der Präfektur Kagoshima.

KAJAKFAHREN & SUP

Von Nord- bis Südjapan findest du unzählige Kajakangebote auf Flüssen, Seen und an Küsten. Am schönsten sind Ausflüge durch die Mangrovenwälder von Amami-Oshima (Kagoshima) und Iriomote (Okinawa). Auf der artenreichen, subtropischen Insel Iriomote paddelst du an Wasserfällen und Dschungelpfaden vorbei. Aber auch Küstengebiete wie die türkisfarbenen Gewässer rund um die Kerama-Inseln (Okinawa) oder der Südwesten der Izu-Halbinsel unweit von Tokio

Wunderbare Kulisse für SUP-Abenteuer: die zerklüftete Uradome-Küste

sind super zum Paddeln geeignet, auch für Anfänger. Ein besonderes Erlebnis sind Paddeltouren durch das berühmte rote *torii* Tor vor Miyajima (Hiroshima), und sogar Tokio kannst du auf Flüssen und Kanälen erobern *(tokyokayaking.jp)*. Häufig verleihen dieselben Anbieter auch Stand-Up-Paddleboards.

INSIDER-TIPP
Weltstadt vom Wasser aus

RADFAHREN

Außerhalb der Megastädte wird dich überraschen, wie ländlich und „leer" Japan sein kann. Viele Radrouten führen an der Küste entlang, z. B. rund um die Noto-Halbinsel (Ishikawa) oder entlang der Nordküste von Hokkaido. Auch die Südhälfte von Shikoku eignet sich prima zum Radeln. Beliebt und praktisch ist der *Shimanami Kaido*, eine 70 km lange, gut ausgeschilderte Route zwischen Onomichi auf Honshu und – über sechs Inseln – Imabari auf Shikoku. Für die Route *(shimanami-cycle.or.jp/go-shimanami)* kannst du dir auch vor Ort Räder ausleihen, z. B. von *Giant (bicyclerental.jp/en/en)*, und dein Gepäck voraus schicken lassen, etwa mit *Sagawa (sagawa-exp.co.jp/english)*.

SCHNORCHELN & TAUCHEN

Japans beste Schnorchel- und Tauchgebiete findest du im Süden von Kyushu (Yakushima, Amami-Oshima, Tanegashima) sowie in Okinawa. Die Luft ist dort meist über 25 Grad warm, und auch die Wassertemperaturen sind dank der Kuroshio-Strömung angenehm. Die Hauptsaison für Taucher geht von Juli bis Mitte September, die Nebensaison von Dezember bis März. Nicht nur für Anfänger lohnt sich ein Ausflug auf die Kerama-Inseln (Okinawa) mit ihrem tiefblauen Wasser, den Korallenriffen und einer der vielfältigsten Unterwasserwelten Japans von Krustentieren bis zu Kofferfischen. Das Kontrastprogramm dazu findest du auch auf Okinawa: Um Miyakojima kannst du in Kalksteinhöhlen und Tunneln sowie zwischen Gesteinsformationen tauchen und schnorcheln. Ishigaki (Okinawa) ist berühmt für den sogenannten Manta Scramble, wo sich riesige Rochen zum Plankton-Lunch treffen.

Willst du dein Makroobjektiv in Meerestiefen nutzen, brauchst du Tokio nicht mal verlassen: Kozushima, eine der Izu-Inseln, ist ideal fürs Makrotauchen zu Schnecken, Krebsen und Seesternen. Eistaucher schweben gerne durch die Seetangwälder um die Halbinsel Shiretoko auf Hokkaido.

SHOWER CLIMBING

Im schwülen japanischen Sommer gibt es kaum eine coolere Sportart als *sawanobori* oder Shower Climbing: Dabei wanderst du kühle Gebirgsbäche nach oben. Bei höheren Schwierigkeitsgraden trägst du am besten Helm und Kletterausrüstung. Die Hauptsaison ist von Juli bis September. Viele Angebote (buchbar übers lokale Touristenbüro) gibt's nordwestlich von Tokio, z. B. in Gunma, Nagano und Gifu, aber auch in Westjapan, etwa in Tottori. Englischsprachige Anbieter findest du in der Nähe von Tokio, z. B. *Canyons (canyons.jp/en)*.

PARAGLIDING

Um Japan aus der Vogelperspektive zu sehen, fährst du von Tokio aus gerade mal eine Stunde im Zug nach Ishioka (Ibaraki). Gleitschirmflüge bietet dort die *Gain Paraglider School (gain-pgs.com)* an. Auch in Uenohara (Yamanashi) in der Nähe des Fuji hast du Gelegenheit, in die Luft zu gehen *(nishitokyo-para.jp)*. Wenn du in Kyoto genug Tempel gesehen hast, kannst du über das Umland fliegen. Fahr dazu in die Stadt Nantan *(birds-para.com)*. Türkisblaues Meer erstreckt sich unter dir, wenn du einen Paragliding-Flug in Amami-Oshima buchst. An den meisten Orten sind Kurse für Anfänger sowie Tandemflüge möglich.

RAFTING

Willst du im Schlauchboot den Fluss hinunterrauschen und durch wilde Stromschnellen sausen? Dann bist du in Minakami auf dem Tonegawa-Fluss richtig, wo schon Qualifizierungsrennen für den Weltcup im Rafting stattfanden. Oder auf dem 200 km langen Yoshinogawa-Fluss im Osten der Insel Shikoku. Er schlängelt sich durch uralte Flusstäler und nimmt dabei ordentlich Fahrt auf. Gemäßigter geht es auf dem Himekawa-Fluss mit Blick auf die Berge von Hakuba zu – er ist auch für Familien mit Kindern geeignet.

SKIFAHREN & SNOWBOARDEN

Japan ist schneereich: 20 m und mehr Schnee pro Saison machen das Land zum verlässlichen Ziel für Pistenfans. In nur 75 Minuten bist du von Tokio auf der Piste von Yuzawa (Niigata), wo mehrere nah zusammenliegende Skigebiete für Einsteiger bis Fortgeschrittene gut erreichbar sind. Seit der Winterolympiade 1998 sind die Skigebiete von Nagano weltbekannt, z. B. der beliebte Wintersportort Hakuba sowie die Shiga-kogen-Hochebene, eines der größten Skigebiete in Japan. Dort findest du Pisten für alle Level.

Lust auf Après-Ski à la Japan? In Nozawa Onsen (Nagano) gibt's neben guten Pisten auch schöne heiße Quellen. Für den besten Pulverschnee Japans steigst du am besten in den Flieger nach Hokkaido. Im populärsten Resort Niseko ist die sprachliche Hürde am niedrigsten, außerdem gibt es dort viel Auswahl beim Après-Ski. Furano ist beliebt für lange Abfahrten und Tomamu fürs Skifahren abseits der Piste. In den meisten Skigebieten wird Schneeschuhlaufen angeboten, Skilanglauf aber nur selten.

WANDERN

Lange hatte Wandern in Japan etwas Religiöses – und noch heute wird die Tradition, Berge als Götter zu verehren, in Form von traditionellen Festen fortgeführt. Selbst von der Megalopole Tokio aus kannst du locker unzählige Tagestouren unternehmen, von einfach bis anspruchsvoll. Beliebt und einfach zu erklimmen sind die Berge Takao und Mitake bei Tokio. Für Touren in den Nördlichen Alpen solltest du aber fit und erfahren sein. Auch für mehrtägige Trekkingtouren gibt es Routen, z. B. durch Nationalparks. Kultur und Wandern verbinden kannst du am faszinierenden Nokogiriyama in der Nähe von Tokio (Chiba). Auf dem bizarr geformten „Sägenberg" erwartet dich eine Tempelanlage mit einem riesigen Buddha aus Stein. Du willst nicht alleine aufbrechen? Dann schließ dich Outdoor-Organisationen an, wie *Friends of Earth (Wanderung ab Tokio jeden So | 1000 Yen | foejapan.org/en/event/hike html)*

INSIDER-TIPP
Wo dich Buddha begrüßt

Verlaufen kannst du dich am Fuji nicht: Geh einfach den anderen Wanderern hinterher

DIE REGIONEN IM ÜBERBLICK

Asahikawa
Sapporo
Kushiro
DER NORDEN S. 38
Hakodate
Durch den Tiefschnee wedeln und auf wilden Festen tanzen
Aomori
Morioka
Akita
Sendai
Niigata
PACIFIC OCEAN
Iwaki
NIPPON (JAPAN)
TŌKYŌ
TOKIO & DER OSTEN S. 58
Kawasaki
Schlafen? In dieser pulsierenden Megastadt völlig überbewertet!
200 km
124,27 mi

DER NORDEN

ALTE MYTHEN, UNBERÜHRTE NATUR

Wilde Bären und tanzende Orcas, heilige Berge und dramatische Felsküsten … Die meisten Japan-Reisenden orientieren sich von Tokio aus nach Westen und Süden. Sie verpassen so den kaum erschlossenen Norden mit seinem rauen Charme.

Die nördlichste Insel Hokkaido – etwas kleiner als Irland – ist die Heimat der Ainu, eines Naturvolks, das Bärengötter verehrte. Vor 150 Jahren von Japan vereinnahmt, gleicht Hokkaido seither einem Bauernhof mit weiten Feldern für Gemüse und Milchkühe. Das Klima

Zufluchtsort der letzten Samurai: Tsuruga-Burg in Aizu-Wakamatsu

erinnert an Deutschland, die kerzengeraden Straßen an die USA. Felsküsten und Wälder bestimmen die nordostjapanische Region Tohoku, die im besten Sinne zu den verschlafensten Ecken Japans gehört. Bis ins hohe Alter bestellen die Bauern dort ihre Felder und kümmern sich Fischer um ihre Austernzucht. Seit der Dreifachkatastrophe 2011 besinnt sich der Nordosten Japans erst recht wieder auf seine Stärken: rustikale heiße Quellen, ehemalige Samurai-Viertel, wilde Feste und viel Natur – wer einmal dort war, will wieder hin.

DER NORDEN

Rebun 礼文町
Wakkanai 稚内市
Rishiri 利尻町
40
Teshio 天塩町
Enbetsu 遠別町
Tomamae 苫前町
Obira 小平町
Mashiko 増毛町
Sunagawa 砂川市
Shakotan 積丹町
Otaru 1
Sapporo S. 42
Sapporo-Schneefestival ★
Suttsu-Town 寿都町
2 Niseko ★
310 km, 3 ¾ Std.
Date 伊達市
Tomakomai 苫小牧市
Setana せたな町
Yakumo 八雲町
Okushiri 奥尻町
5
Shikabe 鹿部町
Kaminokuni 上ノ国町
Hakodate S. 47
Matsumae 松前町
Oma 大間町
Mutsu むつ市
Imabetsu 今別町
JR-Gono-Linie ★ 6
Aomori S. 48
Yokohama 横浜町
Ajigasawa 鰺ヶ沢町
Fukaura 深浦町
Towada-Hachimantai-Nationalpark 5
Shirakami Sanchi 7
Nihonkai
(Sea of Japan)
Happo 八峰町
Hirosaki 弘前市
45
Kitaakita 北秋田市
360 km, 1 Std. 52 Min.
Oga 男鹿市
Morioka S. 50
Akita 秋田市
Kakunodate-Samuraihäuser ★ 10
Sanriku-Fukko-Nationalpark 8
Hanamaki 花巻市
9 Tono
Yokote 横手市
Nikaho にかほ市
Chuson-ji ★ 11
12 Geibikei-Schlucht
Sakata 酒田市
Tsuruoka 鶴岡市
Osaki 大崎市
Matsushima ★ 13
Murakami 村上市
Yamadera 15
Sendai S. 52
Sado 佐渡市
Niigata 新潟市
Schneemonster von Zao 14
Shibata 新発田市
160 km, 2 Std. 10 Min.
7
Fukushima 福島市
Wajima 輪島市
Suzu 珠洲市
Sanjo 三条市
49
Nagaoka 長岡市
Aizu-Wakamatsu ★ S. 56
Ouchi-Juku 16

MARCO POLO HIGHLIGHTS

★ **CHUSON-JI**
Unglaubliche Handwerkskunst in einem Tempel in Hiraizumi, die 900 Jahre überdauert hat ➤ S. 54

★ **KAKUNODATE-SAMURAIHÄUSER**
Hier biegen gleich Samurai und Geishas um die Ecke ➤ S. 52

★ **SAPPORO-SCHNEEFESTIVAL**
Vergiss Schneemänner. Die Schneeskulpturen von berühmten Bauwerken aus der ganzen Welt sind die reinsten Kunstwerke ➤ S. 45

★ **NISEKO**
Das beste Skigebiet in Japan für Tiefschneefans ➤ S. 45

★ **JR-GONO-LINIE**
Stundenlang gemütlich in der Bummelbahn abhängen und den Blick aufs Meer und alte Buchenwälder genießen ➤ S. 50

★ **MATSUSHIMA**
Ob roh oder gegrillt, hier gibt's Austern direkt von den Fischern ➤ S. 55

★ **AIZU-WAKAMATSU**
Schwarz-rote Lackwaren zum Verlieben aus der alten Samuraistadt ➤ S. 56

★ **SHIRETOKO-NATIONALPARK**
Im Unesco-Weltnaturerbe wandern, Bären beim Lachsfang zusehen und Orcas begegnen ➤ S. 46

100 km
62.14 mi

SAPPORO

(🕮 H3) **Wenn du Bier, gegrilltes Lamm und große Krabben magst, vom schwülheißen Sommer eine Pause suchst oder gerne den Winter auf Skiern oder dem Snowboard verbringst, bist du in der Gastgeberstadt der Olympischen Winterspiele 1972 richtig.**

Von dort ist es nicht weit zu vielen Skigebieten mit grandiosem Pulverschnee. Währen des Schneefestivals Anfang Februar kannst du überall in Sapporo riesige, beleuchtete Schneeskulpturen bewundern Das Navigieren wird dir leichtfallen, denn Japans fünftgrößte Stadt (1,97 Mio. Ew.) ist im Zentrum schachbrettartig aufgebaut.

SIGHTSEEING

MOERENUMA-PARK (モエレ沼公園)

Skulpturen gestalten und Parks anlegen – auf diesem Gebiet war der Bildhauer und Landschaftsarchitekt Isamu Noguchi wahrlich ein Meister. 2013 wurde dieses Gesamtkunstwerk auf einer ehemaligen Mülldeponie fertiggestellt. Eilige leihen sich ein Fahrrad und düsen damit über die geometrisch um einen kegelförmigen Hügel angelegten Wege *(Ende April–Anfang Nov. | 200 Yen/2 Std.)*, vorbei an Skulpturen und einer Glaspyramide. *Tgl. 7–22 Uhr | Eintritt frei | Moerenuma-koen 1-1, Higashi-ku |* 東区モエレ沼公園 *1-1 | Bushaltestelle Moerenuma-Koen Higashiguchi (Osteingang) | moerenumapark.jp |* ⏲ *1–1 ½ Std.*

INSIDER-TIPP
Sightseeing für Sportliche

WOHIN ZUERST?

Vom **Hauptbahnhof** und dem benachbarten Odori-Park, der sich wie ein grünes Band durchs Zentrum zieht, fahren viele Busse und Bahnen ab. Die Tram Sapporo Shiden von der Station Nishiyonchome unmittelbar neben dem Park (ab 200 Yen, am Wochenende Dosanko-Pass 400 Yen pro Tag) verbindet viele Sehenswürdigkeiten.

BIERMUSEUM SAPPORO (サッポロビール博物館)

München, Sapporo und Milwaukee, die drei „Alkohol-Hauptstädte" der Welt, liegen auf demselben Breitengrad? Falsch! Schuld an dem Mythos ist ein Werbespot der Biermarke „Sapporo". 1876 gegründet, gilt die älteste Brauerei Japans als eine der besten. Nach kurzer Führung mit Bierprobe kannst du im *Garden Grill* direkt am Tisch Lamm à la Dschingis Khan grillen. *Tgl. 11–18 Uhr | Eintritt frei | Higashi 9-1-1, Kita 7-jo, Higashi-ku |* 東区北7条東*9-1-1 | sapporobeer.jp | Busstation Sapporo Beer-en*

SAPPORO-GLOCKENTURM (札幌市時計台)

Im heutigen Glockenturm, Sapporos Wahrzeichen, paukten früher Studierende des Landwirtschafts-Colleges. Die 1881 ergänzte Uhr kommt dir amerikanisch vor? Richtig. Sie wurde in Massachusetts gefertigt und funkti-

Schneefestival in Sapporo: Auf dem Fernsehturm liegt dir die weiße Pracht zu Füßen

oniert – eine Besonderheit – mithilfe der Schwerkraft von zwei Gewichten. Im Erdgeschoss befindet sich ein kleines Museum zur Geschichte des Turms, das Obergeschoss wird für Veranstaltungen genutzt. *Tgl. 8.45–17.10 Uhr | 200 Yen | 2-chome Kita 1 Jonishi, Chuo-ku |* 市中央区北*1*条西*2*丁目 *| Bahnhof Sapporo | sapporoshi-tokeidai.jp/english*

MOIWA (藻岩山)

Von diesem bewaldeten Berg im Südwesten von Sapporo hast du einen umwerfenden Blick. Abends glitzern die Lichter der Stadt wie Sterne bis zum Japanischen Meer. Die Fahrt zur Aussichtsplattform mit Restaurant und Planetarium ist ein Teil des Vergnügens, erst per Seil-, dann per Minikabelbahn. *Tgl. 11–22 Uhr | Hin- und Rückfahrt 2100 Yen, Kinder 1050 Yen | Tram zur Station Ropeway Iriguchi, Shuttlebus zur Seil- und Minikabelbahn | Chuo-ku, Fushimi 5-3-7 |* 中央区伏見*5-3-7 | mt-moiwa.jp*

ESSEN & TRINKEN

SOUP CALYI PICANTE (スープカリィピカンティ)

Suppencurry mit viel frischem Gemüse und anregenden Gewürzen ist in Sapporo beliebt. Eine Schüssel von diesem Soul Food vertreibt die Kälte! *Tgl. 11.30–23 Uhr | Acroview Hokudai-mae, Kita 13, Jonishi 3-2-23, Kita-ku |* 北区北十三条西*3-2-23*アクロビュー北大前 *| picante.jp | €*

SATURDAYS CHOCOLATE FACTORY CAFE (サタデイズ チョコレート ファクトリー カフェ)

Handarbeit von der Bohne bis zur Tafel, dazu hip verpackt. Am Café mit heißer Schokolade, Frozen Chocolate

Shake und Brownies kommt kein Schokoholic vorbei. *Do–Mo 10–18 Uhr* | *Chuo-ku, Minami 2 Johigashi 2-7-1 Salmon Bldg., 1F* | 中央区南2条東2丁目*7-1 Salmon 1F* ビル | *saturdays chocolate.com* | €

SHOPPEN

SAPPORO STELLAR PLACE (札幌ステラプレイス)

Wirst du hier nicht fündig, dann nirgends: Die Shopping-Mall direkt am Südausgang vom Bahnhof Sapporo ist eine der größten Japans, mit etwa 200 Läden und vielen Restaurants (bis 23 Uhr), die Hokkaido-Küche zu erschwinglichen Preisen servieren. Gönn dir dort auch eine entspannende Massage, eine Maniküre oder einen Kinobesuch. *Tgl. 10–21 Uhr, manche Shops andere Zeiten* | *Chuo-ku, Kita 5 Jonishi 2-chome* | 中央区北5条西2丁目 | *sapporostation.com/stellar-place-sapporo*

SAPPORO CENTRAL WHOLESALE MARKET (JOGAI) (札幌市中央卸売市場 場外市場)

Für dieses Erlebnis solltest du den Wecker früh stellen. Hast du schon mal Krabben mit bis zu 50 cm langen Beinen gesehen? Ab 6 Uhr morgens schallen die Rufe der Verkäufer durch die Gänge des für Besucher zugänglichen Außenbereichs *(Jogai)* des Großmarkts. Oft kannst du dort Häppchen probieren oder beim Imbiss fangfrischen Fisch genießen. *Tgl. 6–17 Uhr* | *Chuo-ku, Kita 11 Jonishi 21* | 中央区北11条西21丁目 | *Bahnhof Nijuyonken, Tozai-Linie*

SPORT & SPASS

SAPPORO OLYMPIC MUSEUM (札幌オリンピックミュージアム)

Ein Sessellift bringt dich zur Schanze, von der 1972 die Skispringer starteten – hier genießt du einen tollen Panoramablick über Sapporo. Das Museum zeigt Sport-Memorabilien, per Simulator kannst wie vom Schanzentisch abheben, auf Langlaufskiern dahingleiten oder dich bei 130 Stundenkilometern eine virtuelle Bobbahn hinabstürzen. *Mai–Okt. tgl. 9–18, Nov.–April 9.30–17 Uhr | 600 Yen, Kinder kostenlos, Sessellift 1000 Yen, Kinder bis 12 J. 500 Yen | 1274 Miyanomori, Chuo-ku | 中央区宮の森 1274 | 10 Min. per Taxi vom Bahnhof Maruyama Koen | sapporo-olympicmuseum.jp/english | 2 Std.*

INSIDER-TIPP
Fühl dich wie ein Olympionike

FEST

SAPPORO-SCHNEEFESTIVAL (札幌雪まつり) ★

Bei diesem Winterfest wird jeder 08/15-Schneemann vor Neid noch weißer. Die Dresdner Frauenkirche, das Britische Museum, die Pyramiden von Gizeh – sie alle standen schon mal in Sapporo, komplett aus Schnee geformt. Was mit Schülerstatuen in den 1950ern begann, lockt alljährlich mit mehr als 100 riesigen Kunstwerken, beleuchtet bis 22 Uhr, über 2 Mio. Besucher nach Sapporo. Unbedingt früh eine Unterkunft buchen! *1./2. Woche im Februar | snowfes.com/en*

AUSGEHEN & FEIERN

BEER BAR NORTH ISLAND (ビアバーノースアイランド)

Bei zwölf Sorten Craft-Bier täglich frisch vom Fass brauchst du eine Weile, bis du alle probiert hast. Wie wäre es mit einem *Coriander Black* zum Einstieg? Rauchen ist in dieser Bierbar mit Klinkerwänden und Holzbarhockern verboten, eine Seltenheit in Japan. *Mo–Sa 17.30–23.30, So 15–22 Uhr | Chuo-ku, Minami 2 Jonishi, 4-10-1, Large Country Building 10F | 中央区南2条西 4-10-1 ラージカントリービル 10F | northislandbeer.jp/beeabar | €*

RUND UM SAPPORO

1 OTARU (小樽市)

30 km von Sapporo/45 Min. (Zug)

Die Hafenstadt (109 000 Ew.) ist ein beliebtes Ausflugsziel von Sapporo. Am zentralen Otaru-Kanal tönt aus einem der alten Lagerhäuser deutsche Bierzeltmusik? Kommt von der Mikrobrauerei *Otaru Beer (April–Okt. tgl. 11–23, Nov.–März bis 22 Uhr | Minatomachi 5-4 | 港町5-4)*, in der ein gebürtiger Bamberger seit fast 30 Jahren Bier braut und zum Gerstensaft deutsche Spezialitäten serviert. *H3*

2 NISEKO (ニセコ町) ★

90 km von Sapporo/ca. 3 Std. (Bus)

Australier lieben das schneesichere Skigebiet mit dem „besten Pulverschnee der Welt". Niseko (5000 Ew.)

besteht aus vier Skiresorts mit 70 Abfahrten *(niseko.ne.jp)*. Im Skigebiet *Niseko Tokyu Grand Hirafu* kannst du bis 19 Uhr auf die Piste und danach zum Après-Ski, *Niseko Annupuri* ist auch für Anfänger geeignet und wenn man es etwas ruhiger mag. *H3*

SHIRETOKO-NATIONAL-PARK

(K2) **Abgelegener geht nicht! Die Halbinsel ★ Shiretoko im äußersten Nordosten von Hokkaido ist Unesco-Weltnaturerbe und ein Muss für Naturliebhaber.**

Bärenstarkes Wanderziel auf Shiretoko: der Gipfel des Rausu

Größtenteils nur zu Fuß oder per Boot zugänglich, siehst du die dort lebenden Braunbären am besten vom Wasser aus. Über die Mitte der dicht bewachsenen Halbinsel zieht sich ein Grat mit mehreren Bergen, darunter der 1661 m hohe Rausu. Seinen Gipfel erreichst du auf einer anstrengenden, aber beliebten Wanderung. Viele Wanderer tragen Glöckchen am Rucksack, um die scheuen Bären zu warnen. Die Inseln vor Shiretoko sind nicht zugänglich. Sie werden seit Ende des Zweiten Weltkriegs von Russland besetzt, aber von Japan beansprucht.

SIGHTSEEING

FÜNF SEEN (知床五湖)

Problemlos zu bewältigen ist eine Wanderung um die idyllischen Seen *Shiretoko Goko,* in denen sich der Gebirgsgrat spiegelt. Ein kurzer Rundweg auf gesicherten Holzstegen dauert 40 Minuten, in 90 Minuten kannst du alle fünf Seen umrunden. *Park Ende April–Ende Nov., zur Hauptsaison (Mitte Mai–Juli) ist die längere Wanderung nur mit Naturführern möglich (ca. 5000 Yen), reservieren! | goko.go.jp/multilingual_eng*

BEAR WATCHING

Ein tolles Schauspiel auf der Nordseite von Shiretoko: Beobachte vom Boot aus, wie Bären Lachse im Fluss fangen. Mit rund 500 frei lebenden Tieren findest du hier Japans größte Braunbärpopulation. *Ende April–Ende Okt. ab Utoro tgl. 6 kurze (1 ½ Std. | 3300 Yen), 2 lange Touren (3 ¾ Std. | 6800 Yen) | ms-aurora.com/shiretoko/en*

WHALE WATCHING

Auf der Südseite von Shiretoko tummeln sich in der Nähe des Hafens Rausu Pottwale, Orcas, Delfine und Seehunde. Pack zur Schiffstour deine Kamera ein! *Ende April–Mitte Okt. tgl. 2–3 Touren | 8800 Yen/2 ½ Std. | e-shiretoko.com/howtobooking.html*

RUND UM DEN SHIRETOKO-NATIONALPARK

3 DRIFT ICE WATCHING (流氷観光砕氷船おーろら)

75 km von Utoro in Shiretoko/ 1 Std. 20 Min. (Auto)

Shiretoko ist der südlichste Ort der nördlichen Hemisphäre, an dem du Treibeis sehen kannst. Manchmal kannst du Robben auf den Eisschollen entdecken. Der Eisbrecher „Aurora" legt vom Hafen Abashiri ab *(20. Jan.– März tgl. 4–7 Touren | 4000 Yen/1 Std. | ms-aurora.com/abashiri/en)*. Alternativ ab Hafen Rausu *(Ende Jan.–Mitte März tgl. | 4400 Yen/ca. 1 Std. | e-shiretoko.com/howtobooking.html)*. *J2*

4 ABASHIRI-GEFÄNGNIS-MUSEUM (網走刑務所)

80 km von Utoro in Shiretoko/ 1 Std. 25 Min. (Auto)

Was Alcatraz für Amerika, war das vor rund 100 Jahren gegründete Gefängnis in Abashiri für Japan. Wer nicht gleich die Todesstrafe bekam, den schickte man ans kälteste Ende des Landes. Heute kannst du durch die Gänge des zum Outdoor-Museum umgewandelten Zuchthauses schlendern. Es ist das älteste und größte Gefängnisgebäude der Welt aus Holz. Die Pfeiler und Holzdecken sind aus Baumstämmen, die die Gefangenen selbst fällen und behauen mussten. In der früheren Gefängniskantine werden Originalmenüs aus Reis, Fisch, Gemüse und Misosuppe serviert *(tgl. 11–15.30, letzte Bestellung 14.30 Uhr). Tgl. außer 31. Dez./1. Jan. 9–17 Uhr | 1500 Yen | 1-1 Aza Yobito, Abashiri |* 網走市字呼人1-1 *| kangoku.jp/multilingual_english/index.html | 1 ½ Std. | J2*

INSIDER-TIPP
Lunch wie ein Sträfling

HAKODATE

(H4) **Die charmante Hafenstadt im Süden Hokkaidos (245 000 Ew.) ist bekannt für den spektakulären Panoramablick von dem per Seilbahn erreichbaren Berg Hakodate und das am Hang liegende Viertel Motomachi mit seinen Villen im westlichen Stil.**

Dass Hakodate 1859 einer der ersten Häfen war, der für Handel mit dem Ausland geöffnet wurde, ist bis heute erkennbar. Europäische, amerikanische und russische Einflüsse verschmelzen mit japanischen. Seit 2016 ist die früher schwer zugängliche Stadt mit dem Shinkansen-Schnellzug in vier Stunden von Tokio erreichbar.

SIGHTSEEING

GORYOKAKU (五稜郭)

Vom 107 m hohen Goryokaku Tower siehst du am besten, warum diese imposante Festungsanlage aus dem 19. Jh., die heute ein Park ist, in Japan einzigartig ist: Sie ist sternförmig! Entlang des Festungsgrabens blühen im Frühling hellrosa Kirschbäume, im Herbst erstrahlt das Fort in gelbrotem Laub. *Tgl. 9–18 Uhr | Turm 1000 Yen | 43-9 Goryokaku-cho |* 五稜郭町 *43-9 | goryokaku-tower.co.jp/en | Busstation Goryokaku Koen Iriguchi*

SHOPPEN

HAKODATE MORNING MARKET (函館朝市)

Neben dem Bahnhof servieren Händler auf dem Markt frische Meeresfrüchte. Die lokale Spezialität Tintenfisch kannst du selbst aus dem Wasser ziehen und dir dein persönliches Sashimi zubereiten lassen. *Mai–Dez. tgl. 5–14, sonst ab 6 Uhr | 9-19 Wakamatsucho |* 若松町 *9-19 | JR-Bahnhof Hakodate*

INSIDER-TIPP
Fisch dein Sashimi

AOMORI

(□ H4) **Die Hafenpromenade von Aomori (268 000 Ew.) dominiert eine riesige Glaspyramide, in der es in unzähligen Varianten die Spezialität der Stadt gibt: Äpfel.**

Passend zum Namen ist Aomori („Grüner Wald"), die Hauptstadt der gleichnamigen Präfektur, von Holzwirtschaft (und Fischerei) geprägt. An der Bucht von Mutsu gelegen, blieb die Struktur aus der Edo-Zeit trotz Bombardierung im Zweiten Weltkrieg weitgehend erhalten, leider aber nicht die Gebäude. Bis zur Eröffnung des Seikan-Unterwassertunnels 1988 fuhren von Aomori die Fähren nach Hokkaido ab. Seither ist es ruhig geworden, außer zum Fest *Nebuta Matsuri* im Sommer.

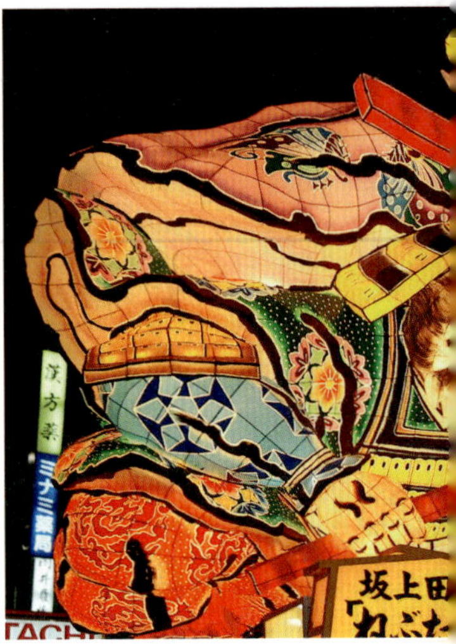

SIGHTSEEING

NEBUTA-MUSEUM WARASSE (ねぶたの家 ワ・ラッセ)

Dieses Museum ist selbst ein Kunstwerk: Das Gebäude besteht aus einem 12 m hohen „Vorhang" aus tiefroten Metallbändern. Und drinnen wird durch mehrere Original-Nebuta-Festwagen der Geist von einem der wildesten Sommerfestivals Japans spürbar. *Mai–Aug. tgl. 9–19, Sept.–April*

Grimmige Gestalten: Die wilden Krieger beim Nebuta Matsuri sind aber nur Papiertiger

9–18 Uhr, geschl. 31. Dez/1. Jan und 9./10. Aug. | 620 Yen | 1-1-1 Yasukata | 安方 1-1-1 | 1 Min. zu Fuß vom JR-Bahnhof Aomori | 1–1 ½ Std.

FESTE

NEBUTA MATSURI

In der ersten Augustwoche ist im sonst so ruhigen Aomori die Hölle los: 20 Wagen mit riesigen bunten, beleuchteten Papierlaternen, auf denen oft historische Krieger mitten im Kampfgetümmel zu sehen sind, werden von Tänzern zu donnernden Trommel- und schrillen Flötentönen durch die Straßen gezogen. Mit dem richtigen Outfit, einem speziell bedruckten Baumwoll-Kimono *(yukata)* mit gelbem Gürtel und roten Schleifen, den du dir vor Ort leihen kannst, darf jeder mittanzen *(Kimono-Miete 4000 Yen, Kaufpreis 7000 Yen)*. Ähnliche Feste – genannt *Neputa Matsuri* – finden in Hirosaki *(1.–7. Aug.)* und in Goshogawara *(4.–8. Aug.)* statt. Die Unterkunft unbedingt sehr früh reservieren!

RUND UM AOMORI

5 TOWADA-HACHIMANTAI-NATIONALPARK (十和田八幡平国立公園)

70 km von Aomori/3 Std. (Bus)

Das Ufer des Towada-ko, des größten Kratersees auf der Hauptinsel Honshu, explodiert im Oktober zur Blätterfärbung in allen Schattierungen von hellgelb bis tiefrot. Am gemütlichsten erkundest du den See von Sightseeing-Booten ab Yasumiya und Nenokuchi *(Dauer 50 Min., nicht im Winter)*. Am Berg Hakkoda färbt sich das Laub schon Ende September. JR-Busse verkehren von Aomori via Hakkoda zum See *(3480 Yen, nur 21. April–8. Nov.)*. H4

6 JR-GONO-LINIE (五能線) ★

34 km von Aomori/40 Min. nach Kawabe (Zug)

In der Panoramabahn, die zwischen Kawabe und Higashi-Noshiro verkehrt (150 km), kannst du es dir bequem machen, traditionelle Livemusik hören oder fünf Stunden einfach nur aus dem Fenster schauen, auf die Japanische See oder die Buchenwälder. *Im Winter fallen manchmal Züge aus. Reservierung nötig, JR-Rail-Pass gültig* | G4

Geduldsspiel: Die Herstellung einer gusseisernen Teekanne braucht ihre Zeit

7 SHIRAKAMI SANCHI (白神山地)

60 km von Aomori/75 Min. (Auto)

Der noch weitgehend unberührte Buchenurwald gehört zu den letzten seiner Art in Ostasien und steht daher auf der Liste des Unesco-Weltnaturerbes. Das 170 km² große Areal ist ein Refugium für seltene Tiere wie den Kragenbär, den Schwarzspecht und den Japanischen Serau – ein ziegenartiges Säugetier. Von der Burgstadt Hirosaki kannst du eine schöne Wanderung durch den Wald als Halb- oder Ganztagesausflug unternehmen. Für die beliebte Route zu den drei *Anmon-Wasserfällen* und zurück *(8 km | Ende April–Ende Nov.)* läufst du zwischen zwei und drei Stunden. G4

MORIOKA

(H5) **Von Bergen umgeben und an gleich drei Flüssen gelegen: Die Hauptstadt (286 000 Ew.) der Präfektur Iwate ist landschaftlich attraktiv eingebettet.**

In der Stadt stehen einige historische Gebäude und Tempel sowie die Reste einer Burg. Eiserne Teekannen *(nambu tetsubin)* sind ein schweres, aber haltbares Mitbringsel, gedrechselte, bemalte Holzpuppen *(kokeshi)* lassen sich leichter im Koffer verstauen.

SIGHTSEEING

HOON-JI-TEMPEL (報恩寺)

Vier Jahre lang haben neun Künstler aus Kyoto sich die Finger wundgeschnitzt: Im 300 Jahre alten Hoon-ji-Tempel reihen sich 499 lackierte buddhistische Statuen aus Holz aneinander. Entdeckst du die Abbilder von Marco Polo und Kublai Khan, einem Enkel von Dschingis Khan? *Tgl. 9–16 Uhr | 300 Yen | 31-5 Nasukawachome |* 名須川町*31-5 | 10 Min. per Taxi vom JR-Bahnhof Morioka*

INSIDER-TIPP
Who is who?

ESSEN & TRINKEN

AZUMAYA (東家)

Nicht gebechert, sondern getellert wird in diesem traditionellen Lokal am Bahnhof. Du sitzt auf Tatami-Reisstrohmatten und verputzt *Wanko Soba,* was eher eine Mutprobe ist als ein kulinarischer Höhenflug. Denn jede Portion besteht nur aus ein paar Happen Soba-Buchweizennudeln, und sobald der Teller leer ist, wird der nächste serviert. Frauen schaffen 30 bis 40 Schälchen, Männer 50 bis 60. Der Rekord liegt bei 570! *Tgl. 10.30–15, 17–20 Uhr | 8-11 Moriokaekimaedori |* 盛岡駅前通り*8-11 | JR-Bahnhof Morioka | €*

SHOPPEN

IWACHU (岩鋳)

Tee aus gusseisernen Kannen schmeckt milder, und dekorativ sind die Kannen dazu. Bei Iwachu kannst du den Meistern zusehen, im Shop hast du die Qual der Wahl zwischen traditionellen und modernen Designs. *Mi–Mo 8.30–17.30 Uhr | 2-23-9 Minamisenboku |* 南仙北 *2-23-9 | 15 Min. per Taxi vom JR-Bahnhof Morioka*

RUND UM MORIOKA

8 SANRIKU-FUKKO-NATIONALPARK (三陸復興国立公園)

90 km von Morioka/2 ¼ Std. nach Miyako (Zug)

Schroff-schöne Felsküsten mit winzigen Inseln davor, darauf windgepeitschte Zedern und viele kleine Fischersiedlungen – so sieht Japans schmalster Nationalpark aus. Er erstreckt sich über mehrere Hundert Kilometer entlang der Ostpazifikküste und umfasst das Gebiet, das 2011 nach einem Jahrhundertbeben vom Tsunami zerstört wurde. Doch die Natur ist widerstandsfähig: Zwischen Taro und Miyako (Iwate) liegt zum Beispiel der idyllische Strand Jodogahama, der mit seinen gezackten, von windschiefen Kiefern bewachsenen Felsen ein tolles Fotomotiv abgibt – so stellt man sich Japan vor! Am einfachsten erkundest du die Region per Mietauto, zum Teil verkehren auch Busse und Bahnen. Vielerorts gibt es geführte Touren von Zeitzeugen per Taxi und Bus. Hast du länger Zeit und wanderst gern? Der rund 900 km lange Michinoku Coastal Trail führt durch den Park *(tohoku.env.go.jp/mct/english)*, siehe auch Erlebnistour 3. *H5*

9 TONO (遠野市)

80 km von Morioka/1 ½ Std. (Zug)

Das Bauernstädtchen (24 000 Ew.) im Kitakami-Bergland kennt man in Japan wegen der Volksmärchensammlung „Tono Monogatari" mit Geschichten aus der Gegend. In den Erzählungen kommt u. a. der Wassergeist Kappa vor, der wie ein griesgrämiger Frosch in Menschengestalt mit Schildkrötenpanzer aussieht. In Tono findest du viele solcher Figuren. Die landwirtschaftlich geprägte Region ist auch bekannt für traditionelle, reetgedeckte Bauernhäuser, wie in der hübschen Museumsanlage *Tono Denshoen (tgl. 9–16 Uhr | 330 Yen | 6 Chiwari-5-1 Tsuchibuchicho Tsuchibuchi | 30 Min. per Mietfahrrad ab Bahnhof Tono, 10 Min. per Taxi)*. Also, Schuhe aus und rein in die Häuser! *H5*

10 KAKUNODATE-SAMURAI-HÄUSER (角館武家屋敷) ★

60 km von Morioka/50 Min. (Zug)

Gleich biegt ein Samurai um eine Ecke und eine Geisha um eine andere – an wenigen Orten in Japan wird dir diese Vorstellung so leichtfallen wie in der früheren Samuraihochburg in Akita. Dutzende traditionelle Samuraihäuser sind gut erhalten zu besichtigen – und warum nicht per Rikscha? Die humorvollen Rikschafahrer kennen die besten Stellen. Ende April, Anfang Mai, wenn Hunderte von Kirschbäumen blühen, ist das sonst ruhige Kakunodate zwar etwas überlaufen, aber dafür auch besonders fotogen. *Tgl. 9–17, im Winter bis 16 Uhr | Senboku-shi, Kakunodatemachi Bukeyashiki-dori |* 仙北市角館町武家屋敷通り *| tazawako-kakunodate.com/en/area/1 | 15 Min. zu Fuß vom Bahnhof Kakunodate | H5*

SENDAI

(H6) **Weitläufig, grün und modern – Sendai (1,1 Mio. Ew.), Hauptstadt der Präfektur Miyagi, ist der perfekte Ausgangspunkt für Touren in den Nordosten Japans.**

Aber auch die Stadt selbst hat viel zu bieten. Ihren Spitznamen „Stadt der Bäume" trägt sie wegen eines breiten Boulevards mit hohen japanischen Zelkoven, einer Ulmenart, im Zentrum. Viele Bildungseinrichtungen wie die angesehene Tohoku-Universität geben Sendai ein studentisches Flair. Das Klima ist angenehm, nicht zu heiß im Sommer, nicht zu kalt im Winter.

SIGHTSEEING

ZUIHODEN (瑞鳳殿)

Die Hinterbliebenen des 1636 verstorbenen Feudalherrn von Sendai, Masamune Date, ließen sich nicht lumpen. Sie bauten ihm ein prachtvolles Mausoleum mit farbenfroh bemalten Holzschnitzereien und viel Blattgold auf schwarzem Grund. Die außergewöhnliche Anlage ist eine Augenweide. *Feb.–Nov. tgl. 9–16.30, Dez.–Jan. bis 16 Uhr, 31. Dez geschl. | 570 Yen | 23-2 Otamayashita, Aoba-ku |* 青葉区霊屋下*23-2 | zuihoden.com/en | Loople Sendai Busstation Zuihoden-mae*

RINNOJI (輪王寺)

Auf den ersten Blick wirkt der buddhistische Tempel eher unscheinbar. Doch der idyllische, traditionelle Garten! Im Teich ziehen Koi-Karpfen ihre Kreise, die Bäume sind perfekt in Form geschnitten, dahinter ragt eine dreistöckige Pagode in den Himmel. 1441 als Tempel des Date-Clans an einem anderen Ort gegründet, zog er mit der Familie mehrmals um, seit 1602 steht er hier. Bei der Sitzmeditation am Samstagabend *(18.25 Uhr)* sind auch Besucher willkommen. *Tgl. 8–17 Uhr | 300 Yen | 1-14-1 Kitayama, Aoba-ku |* 青葉区北山*1-14-1 | rinnoji.or.jp | JR-Bahnhof Kitayama*

ESSEN & TRINKEN/ SHOPPEN

Sendai ist in ganz Japan berühmt für zarte, gegrillte Rinderzunge *(gyutan)* und Süßigkeiten aus pürierten grünen Sojabohnen *(zunda)* – sehr lecker auch als Shake.

GYUTAN FUKUSUKE HONTEN (牛たん福助本店)

Nur drei Minuten vom Westausgang des JR-Bahnhofs Sendai entfernt, gibt es hier seit 40 Jahren Rinderzunge, wahlweise gegrillt oder als *Shabushabu*-Fleischfondue. Du kannst bei der Zubereitung zusehen. Das Ambiente ist westlich-modern. *Mi–So 11.30–14,*

LEBEN AN DER KÜSTE NACH DEM TSUNAMI

Jahre nach dem Megabeben am 11. März 2011, bei dem das Atomkraftwerk Fukushima havarierte, verblasst die Erinnerung an die schrecklichen Bilder. Haushohe Tsunamis zerstörten Hunderte Kilometer Küste *(📖 H6)*, rund 18 500 Menschen starben in der Region Tohoku. Trotz der traumatischen Erlebnisse lassen sich die Bewohner nicht unterkriegen. Zur Warnung künftiger Generationen hat man in Taro das *Taro Kanko Hotel* erhalten, von dessen unteren Etagen nur die Träger blieben. In Rikuzentakata siehst du einen Apartmentblock, in dem bis zum vierten Stock die Balkone und Fenster durchgebrochen sind. In Minamisanriku ragt das Metallgerippe des früheren Katastrophenschutzzentrums in den Himmel. Als der Tsunami kam, flüchteten 53 Menschen auf das Flachdach. Nur 10 wurden nicht weggeschwemmt. Es gibt unzählige solcher Geschichten. Als nach zwei Jahren der Schutt entfernt war, wurden Fabriken und Siedlungen Schritt für Schritt wiederaufgebaut. In Onagawa ist das Symbol des Neuanfangs eine Einkaufsstraße direkt am Bahnhof. Vor dem Eingang kannst du die Füße in heißes Quellwasser stecken.

17–21 Uhr | Aoba-ku, 1-8-24 Chuo Lovely, KK Bldg. 2F | 青葉区中央1-8 24 ラブリーKKビル2 F | €€

TAMAZAWA SOUHONTEN (玉澤総本店)
Japanische Süßigkeiten sind weniger süß als europäische und bestehen oft aus Bohnen und weichen *mochi* (Reiskuchen). Probier dich in diesem Geschäft in der Shoppingmall *S-PAL* durch eine besonders große Auswahl an Naschwaren, darunter viele Varianten mit grünem Sojabohnenmus. *Shop tgl. 10–21, Café 11–19 Uhr | 1-1-1 Chuo, Aoba-ku | 青葉区中央1-1-1 | JR-Bahnhof Sendai*

FESTE

SENDAI TANABATA MATSURI (仙台七夕まつり)
Alljährlich im Juli und August finden in Japan vielerorts *Tanabata*-„Sternenfeste" statt. Laut einer chinesischen Legende treffen sich nur an einem Tag im Jahr die Sterne Vega und Altair, die für zwei Verliebte stehen. In Sendai wird vom 6. bis 8. August besonders groß und bunt gefeiert. Dann hängen in den Einkaufsstraßen der Innenstadt unzählige farbenfrohe Papierfahnen, die von langen Bambusstangen wehen. Drumherum finden viele Events statt. *sendaitanabata.com/en*

JOZENJI STREET JAZZ FESTIVAL (定禅寺ストリートジャズフェスティバル)
Hier spielt die Musik! Im September jazzt es in Sendai ein Wochenende lang von morgens bis abends an allen Straßenecken, wenn Hunderte Bands, Künstler und Orchester, von Amateurmusikern bis Profis, ihr Bestes geben. *j-streetjazz.com*

AUSGEHEN & FEIERN

KOKUBUNCHO (国分町)
Im größten Ausgehviertel im Nordosten Japans gibt es alles: von winzigen Bars mit Tresen über gemütliche Izakaya-Kneipen, Restaurants mit Gerichten aus aller Welt bis zu Diskotheken und Rotlicht-Etablissements. Bei 3000 Lokalen zwischen den Straßen Jozenji-dori und Hirose-dori auf nur einem Viertel Quadratkilometer ist für jeden Geschmack und Geldbeutel was dabei.

RUND UM SENDAI

11 CHUSON-JI (中尊寺) ★ ⚑
100 km von Sendai/45 Min. (Zug)
Ein Besuch der weitläufigen Tempelanlage in Hiraizumi inmitten von Laub- und Nadelbäumen ist wie eine Zeitreise zurück in die Heian-Zeit: Die bis auf ihr Dach komplett mit Blattgold verzierte Konjikido-Halle ist unglaubliche 900 Jahre alt und zählt mit ihren Lackarbeiten und Perlmuttintarsien zum Unesco-Weltkulturerbe. *März–Okt. tgl. 8.30–17, Nov.–Feb. 8.30–16.30 Uhr | 800 Yen | 202 Koromonoseki, Hiraizumi | 平泉町平泉衣関202 | chusonji.or.jp | zu Fuß 25 Min. ab Bahnhof Hiraizumi | 2 Std. | H5*

12 GEIBIKEI-SCHLUCHT (猊鼻渓)

100 km von Sendai/65 Min. (Zug)

Die 2 km lange, pittoreske Geibikei-Schlucht, nicht zu verwechseln mit der Genbikei-Schlucht, erkundest du am besten bei einer 90-minütigen Bootsfahrt und lässt dir dabei vom Bootsführer ein Ständchen singen.

INSIDER-TIPP
Wärm dich von innen

Im Winter bekommst du auf dem Boot heiße Suppe – die vertreibt schnell die Kälte! *April–Okt. tgl. 8.30–16, Nov.–März 9.30–15 Uhr | 1800 Yen | 467 Nagasaka Azamachi, Higashiyama-cho, Ichinoseki |* 一関市東山町長坂字町*467 | JR-Bahnhof Geibikei | H5*

13 MATSUSHIMA (松島) ★

24 km von Sendai/25 Min. (Zug)

Alles Auster im Städtchen Matsushima! Am Fischmarkt wird die edle Meeresfrucht in zahlreichen Varianten angeboten, sogar als Burger. Die Bucht von Matsushima mit ihren 264 pinienbewachsenen Inselchen gilt als eine der schönsten Landschaftsszenerien Japans. Auf einer Schiffstour durch die Bucht fressen dir die Möwen aus der Hand. Zum Aufwärmen serviert man auf Wunsch Austerneintopf *(kaki-nabe)* auf dem Schiff. *Versch. Anbieter | tgl. 9–16 Uhr, im Winter 10– 15 Uhr ab Matsushima, ab 9 Uhr ab Shiogama | Dauer zwischen 25 und 50 Min. | 1500 Yen | marubun-kisen.com/english | H6*

14 SCHNEEMONSTER VON ZAO (蔵王の樹氷)

75 km von Sendai/2 Std. (Bus)

Jedes Jahr wird der Berg Zao von „Schneemonstern" *(juhyo)* heimgesucht. Die Feuchtigkeit der aus Russland kommenden Luftmassen bleibt am Kumano (1841 m) hängen und

Geh doch mal rüber: Die Brücke führt zu einem Inselchen der Matsushima-Bucht

Hat sich da etwas bewegt? Im Winter bevölkern Schneemonster die Hänge des Bergs Zao

überzieht die Nadelbäume dort mit einer dicken Schnee- und Eisschicht. Monströs: So schafft die Natur Wesen, die aussehen wie eine eingefrorene Horde Godzillas! *Ende Dez.–Ende März tgl. zwei direkte Touren | Reservierung unter Tel. 0224 87 26 10 | Ticket 7500–9500 Yen | „Juhyo-go"-Bus ab JR-Bahnhof Sendai, Ostausgang, Ausstieg am Sumikawa Snow Park | zao-sumikawa.jp/tour-freebus | H6*

15 YAMADERA (山寺)

50 km von Sendai/60 Min. (Zug)

1000 Stufen läufst du rauf, 1000 Stufen wieder runter – eine Anstrengung, die sich zweifach lohnt! Denn auf dem Gipfel des Yamadera erwartet dich ein toller Rundumblick über die bewaldeten Berge von Yamagata. Wieder unten angekommen, gibt's in der Konponchu-do-Halle am Fuß des Bergs noch einen weiteren Hingucker: Dort brennt eine rituelle Flamme, und zwar schon seit der Tempelgründung im Jahr 860. *April–Anfang Dez., 1.–3. Jan. 8.30–17 Uhr | 200 Yen | 4456-1 Yamadera, Yamagata-shi | 山形市山寺 4456-1 | Bahnhof Yamadera (Senzan-Linie) | H6*

INSIDER-TIPP
Nicht auspusten!

AIZU-WAKAMATSU

(G6) **Die Samurai- und Burgstadt ★ Aizu-Wakamatsu (114 000 Ew.) liegt 120 km westlich des 2011 zerstörten Kernkraftwerks Fukushima Daiichi im Landesinneren.**

Sie ist umgeben von Bergen, die damals die Radioaktivität weitgehend abhielten. Hier werden seit Jahrhunderten rot-schwarze Lackwaren hergestellt, auch in modernen Designs, etwa auf Glas. Landesweit geschätzt wird der hier produzierte Reiswein.

SIGHTSEEING

TSURUGA-BURG (鶴ヶ城)

Die hoch aufragende Burg galt jahrhundertelang als stärkste Festung in Nordostjapan. Im Boshin-Krieg zogen sich dort die letzten Samurai zurück. 1874 wurde sie als Symbol des Feudalismus zerstört, 1965 als Museum wiederaufgebaut. Seit einer Renovierung hat sie – anders als die meisten Burgen in Japan – originalgetreu rote Dachschindeln. Von der Aussichtsplattform im 5. Stock hast du einen schönen Blick, im Burgpark gibt es einen Teepavillon. *Tgl. 8.30–17 Uhr | 410 Yen | samurai-city.jp/en | Busstation Tsurugajo Kitaguchi | 1 Std.*

SHOPPEN

SUZUZEN (鈴善漆器店)

Diesen Laden für Lackwaren gibt es schon seit Beginn des 18. Jhs.! Du bekommst dort aber nicht nur Traditionelles, sondern auch moderne Interpretationen des alten Handwerks. Hast du etwas Zeit, kannst du nach Reservierung dort in einem Workshop selbst Lackwaren mit Glanzpuder verzieren. *Tgl. 10–16 Uhr | Workshop Erw. 2400 Yen, Kinder 1400 Yen | 1-3-28 Chuo |* 中央*1-3-28 | Bahnhof Aizu-Wakamatsu | suzuzen.com*

RUND UM AIZU-WAKAMATSU

16 OUCHI-JUKU (大内宿)

30 km von Aizu-Wakamatsu/2 Std. (Zug und Bus)

In diesem Touristendorf musst du einfach eine Rast einlegen! Die frühere Poststation bezaubert mit drei Dutzend reetgedeckten Häusern, Handwerksläden, Lokalen und Unterkünften. Im Winter die reinste Idylle! Probier hier Buchweizennudeln *(soba)* und geröstete Reiskuchen mit Miso. *Tgl. 9–16.30 Uhr | Ouchi, Shimogou, Minamiaizu |* 福島県南会津郡下郷町大字大内 *| Bahnhof Yunokami Onsen, 15 Min. per Taxi |* *G6*

SCHÖNER SCHLAFEN IM NORDEN

ROMANTIK IM RYOKAN

Im *Mukaitaki (48 Zi. | 200 Kawamukai, Oaza Yumoto, Higashiyamamachi | mukaitaki.jp | 20 Min. per Taxi vom Bahnhof Aizu-Wakamatsu | €€€)* nächtigst du auf Tatami-Reisstrohmatten und Futons in liebevoll dekorierten Räumen. Entspann dich abends in heißen Quellen, versteckt in dem verschachtelten Gebäude rund um einen Garten. Vor allem im Winter, wenn der Innengarten verschneit und von Laternen erhellt ist, ist es hier unglaublich stimmungsvoll.

TOKIO & DER OSTEN

GRÖSSER UND VIELSEITIGER GEHT NICHT!

Was Paris für Frankreich ist, ist die im Osten gelegene Kanto-Region für Japan. Dort konzentrieren sich Kultur, Business – und ein Viertel der Bevölkerung! Die meisten leben im Großraum Tokio, der zu den größten Ballungsgebieten der Welt zählt.
Doch lass dich davon nicht abschrecken. Die Millionenstädte Tokio, Yokohama und Kawasaki sind unglaublich vielseitig, jedes Viertel ist anders und super angebunden durch das wohl beste Bahnsystem der Welt. Kulinarisch geht es nicht besser als in Tokio – die japani-

Mega-Laterne: Den Eingang zum Asakusa-Kannon-Tempel kannst du nicht verfehlen

sche Hauptstadt bekommt vom Michelin-Guide regelmäßig die meisten Sterne. Kauf ein in traditionellen Einkaufsstraßen oder hippen Einkaufszentren. Es gibt keine No-go-Areas, die Megastadt ist sicher und sauber. Und sie ist der perfekte Ausgangspunkt für Ausflüge. Eine Stunde Fahrt, und du bist im Skigebiet, mit der Nachtfähre kommst du auf die Inseln südlich von Tokio, zwei Stunden brauchst du in die Berge von Nikko zu einer der schönsten Tempelanlagen des Landes.

TOKIO

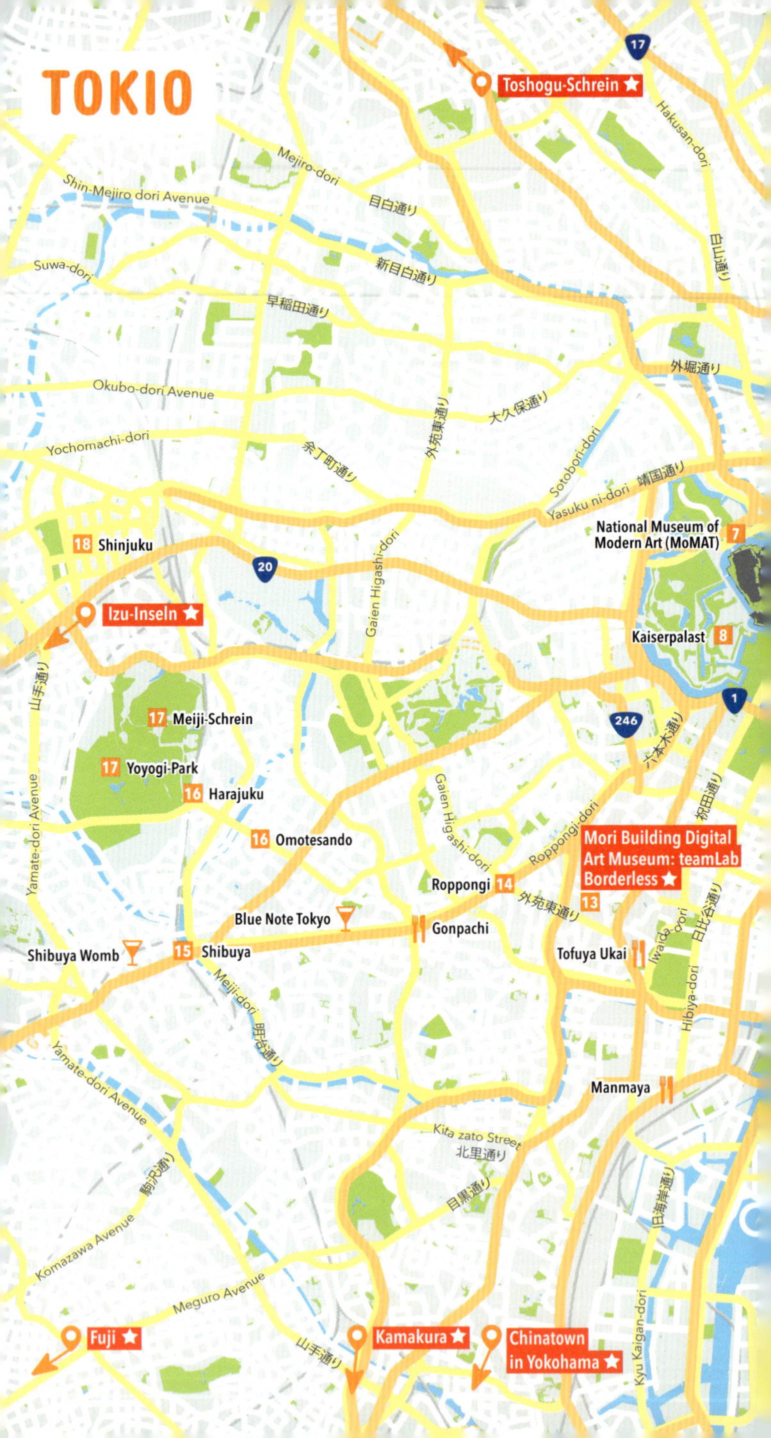

Toshogu-Schrein
17
Hakusan-dori
Mejiro-dori
目白通り
Shin-Mejiro dori Avenue
白山通り
Suwa-dori
新目白通り
早稲田通り
外堀通り
Okubo-dori Avenue
大久保通り
外苑東通り
Yochomachi-dori
余丁町通り
Sotobori-dori
靖国通り
Yasuku ni-dori
National Museum of Modern Art (MoMAT) 7
18 Shinjuku
20
Gaien Higashi-dori
Izu-Inseln
Kaiserpalast 8
山手通り
1
246
17 Meiji-Schrein
六本木通り
17 Yoyogi-Park
16 Harajuku
Gaien Higashi-dori
祝田通り
Yamate-dori Avenue
16 Omotesando
Roppongi-dori
Mori Building Digital Art Museum: teamLab Borderless
Roppongi 14
外苑東通り
13
日比谷通り
Blue Note Tokyo
Gonpachi
Iwaida-dori
Shibuya Womb
15 Shibuya
Tofuya Ukai
Meiji-dori
Hibiya-dori
明治通り
Yamate-dori Avenue
Manmaya
Kita zato Street
北里通り
駒沢通り
目黒通り
旧海岸通り
Komazawa Avenue
Meguro Avenue
Kyu Kaigan-dori
Fuji
Kamakura
Chinatown in Yokohama
山手通り

MARCO POLO HIGHLIGHTS

★ **TOKYO SKYTREE**
Vom zweithöchsten Gebäude der Welt schweift der Blick über ganz Tokio und bis zum Fuji ➤ S. 62

★ **FISCHMARKT**
Morgenstund hat Fisch im Mund am größten Fischmarkt der Welt ➤ S. 65

★ **FUJI**
Einmal Japans Wahrzeichen sehen – und wiederkommen ➤ S. 76

★ **MORI BUILDING DIGITAL ART MUSEUM: TEAMLAB BORDERLESS**
Hier wirst du Künstler und Teil des Kunstwerks ➤ S. 66

★ **TOSHOGU-SCHREIN**
Geschichte atmen: In Nikko haben sich meisterhafte Handwerker ausgetobt ➤ S. 73

★ **CHINATOWN IN YOKOHAMA**
Probier dich durch Chinas Küche mit japanischem Touch ➤ S. 74

★ **KAMAKURA**
Die alte Kaiserstadt ist voller Schmuckstücke – Tempel, Schreine, Buddhas ➤ S. 74

★ **IZU-INSELN**
Strände, Vulkane und Delfine – nur wenige Fährstunden von Tokio ➤ S. 77

TOKIO

(📖 G7) **Von ihrem Wahrzeichen, dem 634 m hohen Tokyo Skytree, sieht die japanische Hauptstadt aus wie ein endloses, chaotisches Häusermeer, das sich nach allen Seiten erstreckt, nur begrenzt vom Pazifik und Bergketten in der Ferne.**

Riesige Türme aus Beton, Glas und Metall, ein Lichtermeer aus Werbetafeln mit blinkenden Schriftzeichen, zwitschernde Ampeln, sprechende Aufzüge und Verkäufer mit Megafonen – all das ist Tokio. Dann wiederum landest du in einem Viertel, das dir vorkommt wie eine historische Filmkulisse. Dort reihen sich niedrige Holzhäuschen mit lackierten Dachziegeln aneinander, daneben steht ein kleiner Tempel, ums Eck ein Shinto-Schrein. In dieser fast dörflichen Idylle kannst du kaum glauben, dass in der Innenstadt 9 Mio. Menschen leben, im Großraum Tokio 12 Mio. und in der gesamten Megalopole 36 Mio. In einem weiteren Stadtteil packt dich der Shoppingwahn, weil du von einer coolen Boutique zur nächsten stiefelst, auf der Suche nach dem nächsten hippen Teil. Es gibt viele Tokios – finde deins!

WOHIN ZUERST?

Verschaff dir erst einmal einen Überblick vom dritthöchsten Gebäude der Welt, dem *Tokyo Skytree*. Wenn du dich am Häusermeer sattgesehen hast, geht es weiter in den nahen *Asakusa*-Schrein- und Tempelkomplex. Verlier dich nicht im Gewimmel der Einkaufsstraße *Nakamise-dori*, die zu den Heiligtümern führt.

SIGHTSEEING

1 ASAKUSA-KANNON-TEMPEL (SENSO-JI) (浅草寺) & ASAKUSA-JINJA-SCHREIN (浅草神社)

Im Viertel Asakusa pocht noch das Herz der alten Edo-Hauptstadt. Immer der Nase nach zum berühmtesten Tempel Tokios, dem Senso-ji: Erst gehst du unter der riesigen Papierlaterne des „Donnertors" (Kaminari-mon) hindurch, dann die Ladenstraße Nakamise-dori entlang, wo Verkäufer *ningyoyaki* backen und *o-manju* frittieren – beides Leckereien aus süßem Bohnenmus im Teigmantel. Weiter geht's zu einem Weihrauchbottich vor dem Tempel. Mach's wie die Japaner, und fächel dir Weihrauch an Stellen zu, wo es zwickt oder das Haar schütter wird. Der kleinere Asakusa-Schrein daneben ist den Fischern gewidmet, die im Jahr 628 eine Statue der Barmherzigkeitsgöttin Kannon aus einem Fluss zogen und so den Grundstein für das Heiligtum legten. *Sommer tgl. 6–17 Uhr, Winter 6.30–17 Uhr | 2-3-1 Asakusa, Taito-ku |* 台東区浅草*2-3-1 | U-Bahn G 19, A 18 Asakusa | ⏲ 1 ½ Std. | 📖 0*

INSIDER-TIPP: Wenn's hilft!?

2 TOKYO SKYTREE (東京スカイツリー) ★

Erst mal schlucken: Im superschnellen Aufzug des höchsten Turms der Welt erleichtert das den Druckaus-

Holzhäuschen in Tokio? Vom Skytree aus wirst du lange suchen müssen

gleich. Bis zur Spitze des „Himmelsbaums" geht es zwar nicht, aber der Blick von den Plattformen auf 350 und 450 m ist genauso sensationell. An klaren Tagen sieht du sogar den uber 100 km entfernten Berg Fuji. *Tgl. 10–21 Uhr | ab 1800 Yen (350 m) bzw. ab 2700 Yen (450 m) | 1-1-13 Oshiage, Sumida-ku |* 墨田区押上*1-1-13 | U-Bahn A 20, Z 14 Oshiage | tokyo-skytree.jp/en | 1 Std. | 0*

3 SUMIDA-HOKUSAI-MUSEUM (すみだ北斎美術館)

Der Neuzugang in der Tokioter Museumslandschaft spaltet mit seinem futuristischen Design aus Metall die Gemüter. Unbestritten ist aber: Der berühmte Holzschnittkünstler Katsushika Hokusai (1760–1849) hatte ein feines Auge, eine ruhige Hand und viel Humor. *Di–So 9.30–17.30 Uhr | 400 Yen | 2-7-2 Kamezawa, Sumida-ku |* 墨田区亀沢*2-7-2 | U-Bahn E 12, JR Ryogoku | hokusai-museum.jp/?lang=en | 1 ½ Std. | 0*

4 UENO PARK (上野公園)

In diesem Park mit seinen Cafés, Tempeln und der dichtesten Konzentration an Museen der Stadt ist immer was los. Zur Kirschblüte *(hanami)* kannst du mit Tausenden Tokiotern picknicken und feiern. Im Sommer, wenn der Shinobazu-Teich an der Südseite sich mit riesigen Lotusblättern und zartrosa Blüten füllt, ist ein Fotostopp dort Pflicht. *Tgl. rund um die Uhr | Eintritt frei | 5-20 Ueno-koen, Taito-ku |* 台東区上野公園*5-20 | U-Bahn G 16, H 17, JR Ueno | f1*

5 YANAKA (谷中)

In der *Yanaka-Ginza* im nostalgischen Viertel Yanaka kannst du jede Menge Leckereien im Straßenverkauf erste-

Süß oder peinlich? In Akihabara bedienen „Dienstmädchen" in Maid Cafés

hen. In anderen Gassen warten Schätze wie Keramik-Teeschalen und handgeschöpftes Japanpapier auf neue Besitzer. Der *Yanaka-Friedhof*, einer der ältesten der Stadt, ist beliebt für Spaziergänge zur Kirschblütenzeit. In kaum einer anderen Ecke Tokios gibt es so viele Tempel, vor allem entlang der Straße Sansaki-zaka. Viel Grün umgibt den farbenfrohen *Nezu-jinja-Schrein (März–Sept. tgl. 6–18, Okt.–Feb. 6–17 Uhr | 1-28-9 Nezu, Bunkyo-ku | U-Bahn C 14 Nezu).* Im April und Mai leuchten dort 3000 Azaleenbüsche in allen Schattierungen zwischen Weiß, Rosa und Rot. Auch ein tolles Fotomotiv: die orangeroten Tore des *Inari*-Fuchsschreins auf dem Gelände. *0*

INSIDER-TIPP
Hier blüht dir was!

6 AKIHABARA (秋葉原)

Wer Manga, Anime, Cosplay und elektronische Gadgets mag, ist in diesem Viertel richtig. Am Sonntagnachmittag wird die Hauptstraße Chuo-dori westlich vom Bahnhof zur Fußgängerzone. Hier findest du viele Manga-Cafés, außerdem die in der *Otaku*-Subkultur beliebten Maid Cafés, in denen junge Frauen im Hausmädchen-Outfit servieren und männliche Gäste mit „Master" ansprechen. Beidseits des Bahnhofs konkurrieren unzählige Elektronikläden, von winzig klein bis riesig, um Kundschaft (z. B. *Yodobashi Camera). U-Bahn H 15, JR Akihabara | f2*

7 NATIONAL MUSEUM OF MODERN ART (MOMAT) (東京国立近代美術館)

Hier kannst du dir einen Überblick über die japanische Kunst des 19. bis 21. Jhs. verschaffen. Zu sehen sind Gemälde, Skulpturen, Fotografien und Videoarbeiten von der Meiji-Epoche bis in die Gegenwart. Und: Es darf sogar fotografiert werden! *Di–So 10–17, Fr/Sa 10–20 Uhr | 500 Yen | 3-1 Kitanomaru Kōen | 3-1 北の丸公園 | Chiyoda-ku | 千代田区 | momat.go.jp/ge/ger_museum | U-Bahn T08 Takebashi | 1 ½ Std. | e3*

8 KAISERPALAST (皇居)

Am besten siehst du den Kaiserpalast im Laufschritt, auf einer 5 km langen Route rund um die gut 2 km² große, von Wassergräben umgebene Residenz. Vom Palastgelände ist nur der *Ostgarten (Di–Do und Sa/So 9–16 Uhr, teils länger, 28. Dez.–3. Jan. geschl. | Eintritt frei | 1-1 Chiyoda, Chiyoda-*

ku | 千代田区千代田*1-1* | *kunaicho.go.jp/e-event/higashigyoen02.html* | *U-Bahn C 10 Nijubashi)* für Touristen zugänglich, wo einst die mächtige Burg von Edo stand. Lediglich am 2. Januar und am 23. Februar, dem Geburtstag des Kaisers, öffnen sich alljährlich die Tore an der Brücke Nijubashi, und die kaiserliche Familie winkt vom verglasten Balkon. Ende März, Anfang April ist die Gegend um Chidorigafuchi entlang des Burggrabens in rosa Kirschblüten getaucht und wird abends angestrahlt. *e 3–4*

INSIDER-TIPP
Kirschen beim Kaiser

9 GINZA (銀座)

Auf Tokios Luxuseinkaufsmeile versammeln sich die Marken von Welt. Auch Architekturfans kommen auf ihre Kosten. So hat Toyo Ito den Bau der japanischen Perlenmarke Mikimoto designt, das Glasquadergebäude, in dem Hermès sitzt, stammt von Renzo Piano. Und das Kaufhaus Wako setzt mit kunstvollen Schaufensterdekorationen an der Ginza-Kreuzung Maßstäbe. Hol dir köstliche Lunchboxen und feine Snacks in den Untergeschossen der Edelkaufhäuser (z. B. im *Takashimaya*). Am Wochenende wird die Einkaufsmeile nachmittags zur Fußgängerzone. *U-Bahn M 16, H 08, G 09 Ginza* | *e–f 4–5*

INSIDER-TIPP
Günstig schnabulieren

10 FISCHMARKT (築地市場) ★

Nirgends auf der Welt werden mehr Fische und Meeresfrüchte verkauft als auf dem Tokioter Fischmarkt. 2018 wurden die Großmarkthallen vom langjährigen Standort am Tsukiji 2 km weiter nach Toyosu verlegt. Die Thunfischauktion *(Mo–Di, Do–Sa, teils Mi* | *6-6-1 Toyosu, Koto-ku* | 江東区豊洲*6-6-1* | *shijou.metro.tokyo.jp/toyosu/pdf/kenngaku/route-english.pdf* | *U 14, Yurikamome-Linie Shijomae* | *0)* beginnt um 5.30 Uhr morgens, aber wegen des großen Andrangs solltest du am besten mindestens eine Stunde vorher vor Ort sein.

Der *Tsukiji Jogai Shijo* (築地場外市場) genannte Außenmarkt blieb glücklicherweise am ursprünglichen Platz, nah genug für einen Abstecher zum leichten Sushi- oder Sashimi-Lunch von der Einkaufsmeile Ginza *(Mo–Di, Do–Sa, teils Mi 6–16 Uhr* | *4-16-2 Tsukiji, Chuo-ku* | 中央区築地*4-16-2*中央区築地場外市場 | *tsukiji.or.jp/english* | *U-Bahn H 10 Tsukiji, E 18 Tsukijishijo* | *f5)*.

11 HAMARIKYU ONSHI TEIEN (浜離宮恩賜庭園)

Die Tokioter genießen vor der Kulisse des jungen Wolkenkratzerdistrikts Shiodome in diesem vor 350 Jahren angelegten Park das viele Grün. Umgeben von japanischem Ahorn und Kiefern, thront in der Mitte des größten Teichs ein Teehäuschen. Dort kannst du dich vom Trubel ausruhen und frisch aufgeschlagenen Matcha-Grüntee mit saisonalen Süßigkeiten (Sets ab 850 Yen) probieren. *Tgl. 9–16.30 Uhr* | *300 Yen* | *1-1 Hama Rikyu-teien, Chuo-ku* | 中央区浜離宮庭園*1-1* | *teien.tokyo-park.or.jp/en/hama-rikyu/index.html* | *U-Bahn E 19 Shiodome* | *1 ½ Std.* | *e–f 5–6*

12 ODAIBA (お台場)

Schon für die Fahrt lohnt sich der Ausflug zur vorgelagerten Insel Odaiba, 2020 Austragungsort olympischer Wettbewerbe. Der Blick auf die Bucht und den Tokyo Tower – eine Kopie des Pariser Eiffelturms – ist klasse, vor allem nachts! Nachmittags verkehren vom Hamarikyu-Garten Fähren nach Odaiba. Die führerlose Bahn Yurikamome, die über Stelzen und die Rainbow Bridge führt, fährt alternativ vom Bahnhof Shinbashi dorthin. Langweilig wird dir auf Odaiba sicher nicht. Es gibt diverse Malls mit Restaurants und Kinos. Im *National Museum of Emerging Science and Innovation* – kurz *Miraikan (Mi–Mo 10–17 Uhr | 2-3-6 Aomi, Koto-ku | 630 Yen, Kinder 210 Yen | miraikan.jst.go.jp/en | U-Bahn U 09 Telecom Center)* kannst du Roboter bestaunen und im *Panasonic-Center Tokyo (Di–So 10–18 Uhr | Eintritt frei | 3-5-1 Ariake, Koto-ku | holdings.panasonic/global/corporate/center-tokyo.html | U-Bahn U 12, Yurikamome-Linie Ariake)* die neuesten technischen Gadgets ausprobieren. Die 20 m hohe Roboterstatue *Unicorn Gundam* begeistert Manga- und Anime-Fans, die sich im Einkaufszentrum *DiverCity* dahinter mit Gundam-Figuren und -Bausätzen eindecken können. *0*

13 MORI BUILDING DIGITAL ART MUSEUM: TEAMLAB BORDERLESS (森ビル デジタルアート ミュージアム：ームラボ ボーダレス) ★

Tauch ein in dieses riesige Museum im neuen Azabudai-Komplex, das ein Meer aus Licht und Farben entwirft. Digitale, interaktive Kunst der Superlative erwartet dich hier in labyrinthisch angeordneten Raum-Licht-Installationen mit knalligen Farben. Das Besondere: Hier wirst du selbst zum Künstler. Über spezielle Scanner kannst du Selbstgemaltes digitalisieren, per App Farben ändern und ins Gesamtkunstwerk der Gruppe teamLab Borderless einbauen. Die Eröffnung stand bei Redaktionsschluss unmittelbar bevor; aktuelle Informationen zu Öffnungszeiten und Preisen s. Website. *Azabudai Hills, 1-6-19 Azabudai, Minato-ku* | 港区麻布台 *1-6-19* 麻布台ヒルズ | *borderless.teamlab.art | U-Bahn H 05, Hibiya-Linie, Kamiyachō | Reservierung einige Wochen vorher auf ticket.teamlab.art/#/order | 3 Std. | d5*

14 ROPPONGI (六本木)

Diese Gegend in Tokios Zentrum hatte lange den Ruf eines Ausgehviertels für Ausländer auf der Suche nach Abenteuern – durchaus zu Recht. Seit einigen Jahren hat sich das Viertel aber gewandelt: Jetzt gibt es dort das Beste von Kunst und Konsum, verpackt in zwei topmodernen Komplexen: *Roppongi Hills (Geschäfte tgl. 11–20, Restaurants 11–23 Uhr | 6-10-1 Roppongi, Minato-ku | U-Bahn H 04, E 23 Roppongi | roppongihills.com/en)* erkennst du an der 10 m hohen Spinnenskulptur von Louise Bourgeois. Mit über 200 Läden, dazu Kinos, Restaurants und das *Mori Art Museum (Mi–Mo 10–22, Di 10–17 Uhr, werktags 2000 Yen, Sa/So 2200 Yen, mori.art.museum),* findest du Bummel- und Abhäng-Optionen en masse. Von der Aussichtsplattform *Sky Deck* im *Mori Tower (tgl. 11–20 Uhr | ab 2500 Yen)* hast du 270 m über dem Boden einen spektakulären Rundumblick über Tokio. *Roppongi Midtown* ist edler und ruhiger als Roppongi Hills. Lass dir auf keinen Fall die hervorragend konzipierten Ausstellungen im *21_21 Design Sight-Museum* im Midtown-Garten entgehen *(Mi–Mo 10–19 Uhr | 1400 Yen | 2121 designsight.jp/en).* c–d 5–6

INSIDER-TIPP
Cool kuratierte Kunst

15 SHIBUYA (渋谷)

Hast du Sofia Coppolas Film „Lost in Translation" gesehen? Dann erinnerst du dich bestimmt an die von riesigen Bildschirmen umgebene Megakreuzung, über die Dinosaurier liefen. Am Wochenende und abends ist auf der *Shibuya Scramble Crossing* im beliebten Ausgeh- und Shoppingviertel Shibuya am meisten los. Einen guten Blick auf das Gewusel Tausender Menschen hast du vom Bahnhof Shibuya von einem Verbindungsgang zwischen den Linien JR und Keio-Inokashira.

INSIDER-TIPP
Ameisenstraße

Vor dem Bahnhof steht eine Bronzestatue des Hundes Hachiko, der dort zehn Jahre auf die Rückkehr seines verstorbenen Herrchens wartete – heute ein beliebter Treffpunkt. Rund um den Bahnhof Shibuya findest du viele Cafés, Restaurants und hippe Läden in riesigen Wolkenkratzern – wie *Hikarie* und *Shibuya Stream*, Letzterer am neu begrünten Shibuya-Fluss. Von der Outdoor-Aussichtsplattform des 47-stöckigen *Shibuya Scramble Square* siehst du direkt auf die berühmte Kreuzung und an klaren Tagen sogar bis zum Fuji. a6

Shibuya Crossing: Bei Grün strömen bis zu 15 000 Menschen über die Kreuzung

16 HARAJUKU (原宿) & OMOTESANDO (表参道)

Das modisch abgefahrene, stylishe Tokio der Teens mit ausgeflippten Klamotten- und günstigen Fastfood-Läden findest du rund um die Straße *Takeshita-dori* in Harajuku, ebenso einen der größten 100-Yen-Läden *(Daiso)*. Lässige bis elegante Mode für die Generation 30+ bekommst du in der Prachtstraße Omotesando – Tokios Version der Pariser Champs-Élysées. Es lohnt sich, auch in die Seitenstraßen zu schauen. *U-Bahn C 04, G 02, Z 02 Omotesando* | *a–b 5*

Champs-Élysées, etwas abgespeckt: Pariser Flair rund um die Shoppingstraße Omotesando

17 MEIJI-SCHREIN (明治神宮) & YOYOGI-PARK (代々木公園)

Der eine Teil einer riesigen Grünfläche im Westen Tokios gilt der Spiritualität, der andere dem Spaß. Vor dem *Meiji-Schrein (tgl. Sonnenaufgang bis -untergang | 1-1 Yoyogi-Kamizono-cho, Shibuya-ku* | 渋谷区代々木神園町 *1-1 | meijijingu.or.jp/en | JR Harajuku, U-Bahn C 03, F 15 Meijijingumae)* stehen Anfang Januar zu den ersten Gebeten des Jahres Millionen Menschen an. Er ist auch beliebt für Hochzeiten. Auf der anderen Seite der grünen Oase ist der *Yoyogi-Park (rund um die Uhr geöffnet | 2-1 Yoyogi-Kamizono-cho, Shibuya-ku* | 渋谷区代々木 *2-1 | JR Harajuku, U-Bahn C 03, F 15 Meijijingumae)* für die Tokioter eine Art Gartenersatz: Dort wird gepicknickt, gedöst und geschauspielert. Bands nutzen ihn als Proberaum, Elvis-Fans mit Haartolle als Bühne. *a 4–5*

18 SHINJUKU (新宿)

Im Wolkenkratzerviertel westlich des Bahnhofs ragt das *Tokyo Metropolitan Building*, das Rathaus der Stadt Tokio, 243 m in die Höhe. Es ist nicht wirklich schön, aber imposant – und eine kostenlose Option, das Tokioter Häusermeer vom 45. Stock zu bestaunen *(tgl. 9.30–22 Uhr | Eintritt frei | 2-8-1 Nishi-Shinjuku, Shinjuku-ku | U-Bahn E 28 Tochomae)*. Das Kontrastprogramm bekommst du im *Shinjuku Gyoen (Di–So 9–16 Uhr | 500 Yen | env.go.jp/garden/shinjukugyoen/english | U-Bahn M 10 Shinjukugyoenmae)*, einem der größten Parks der Innenstadt. Zur Kirschblüte Ende März/Anfang April ist er proppenvoll, im November siehst du dort eine große Chrysanthemen-Ausstellung. Dazwischen gibt es unzählige Geschäfte, Kaufhäuser, Cafés und Restaurants sowie östlich des Bahnhofs das größte Ausgeh- und Rotlichtviertel Tokios, Kabukicho. *a–b 3*

ESSEN & TRINKEN

SORANOIRO NIPPON (ソラノイロNIPPON)

Die Suppe ist auf Möhrenbasis, die Nudeln sind aus Vollkornreis, obendrauf thront frisches Gemüse. Nirgendwo sonst schmecken Ramen-Nudelsuppen so lecker wie in diesem unscheinbaren Lokal. Das Beste: Anders als „normale" Ramen sind sie glutenfrei und sowohl für Vegetarier als auch Veganer geeignet. *Tgl. 9–22.30 Uhr | Ramen-Street im Bahnhof Tokio, B1F |* 東京駅一番街地下ラーメンストリート*B1F | U-Bahn, M 17, JR Tokio | € | f4*

TOFUYA UKAI (とうふ屋　うかい)

Ein kulinarisches Erlebnis der ganz besonderen Art. Herzstück der Anlage ist eine 200 Jahre alte Sakebrauerei samt Lagerhalle. Dort nehmen in Kimonos gekleidete Damen die Gäste freundlich in Empfang. Drumherum liegt ein wunderschöner Garten mit Laternen und Karpfenteichen. Im Mittelpunkt der wohlschmeckenden Speisen steht Tofu. Reservieren! *Di–Fr 11.45–15, 17–22, Sa/So 11–22 Uhr | 4-4-13 Shibakoen, Minato-ku |* 芝公園 *4-4-13 | | U-Bahn E 21 Akabanebashi | € | d6*

MANMAYA (まんまや慶応仲通り店)

Im Studentenviertel bei der Keio-Universität gelegen, ist die beliebte Kneipe *(izakaya)* in einem alten Holzhaus gut an einem roten Papierschirm am Eingang erkennbar. Du sitzt gemütlich auf Tatami-Reisstrohmatten oder an Holztischen, für Gruppen gibt es Séparées. Und nicht zu vergessen: leckeres Essen! *Mo–Fr 17–23.45, Sa/So 16–23.45 Uhr | 5-20-20 Shiba, Minato-ku |* 港区芝*5-20-20 | U-Bahn I 04, A 08 Mita, JR Tamachi | € | 0*

GONPACHI (権八 西麻布)

Kommst du dir wie im Film vor? Kein Wunder, Hollywoodregisseur Quentin Tarantino hat sich das Gonpachi zum Vorbild für Schlüsselszenen in „Kill Bill" genommen. Hier wird dir ein leckerer Querschnitt durch die japanische Küche plus lebhafte Atmosphäre serviert. Da das nach einer Kabuki-Figur benannte Lokal sehr beliebt ist, vor allem bei Touristen, besser online reservieren! *Tgl. 11.30–1 Uhr | 1-13-11 Nishi-Azabu, Minato-ku |* 港区西麻布*1-13-11 | U-Bahn H 04, E 23 Roppongi | gonpachi.jp | €€ | c5*

SHOPPEN

2K540 AKI OKA ARTISAN (ニーケーゴーヨンマル アキオカ アルチザン) ☂

Schönes Kunsthandwerk – traditionell, aber auch mit modernem Touch – findest du zwar in allen großen Kaufhäusern, aber viel mehr Spaß macht das Stöbern nach Handgemachtem aus Leder, Holz, Lack und Keramik in dieser außergewöhnlichen Ladenstraße unter der Trasse der Yamanote-Ringbahn. *Do–Di 11–19 Uhr | 5-9 Ueno, Taito-ku* | 台東区上野*5-9* | *jrtk.jp/2k540 | U-Bahn G 14 Suehirocho, JR Okachimachi* | *f2*

KYUKYUDO (鳩居堂)

Japan ist berühmt für handgeschöpftes *washi*-Papier – in diesem traditionsreichen Geschäft merkst du schnell, warum. Das Papier ist wunderschön, mit Ornamenten verziert, handbemalt. Im Obergeschoss gibt's Pinsel, Tusche und andere Accessoires, mit denen du japanische Schriftzeichen in traditioneller Weise aufs Papier bringen kannst. *Tgl. 11–19 Uhr | 5-7-4 Ginza, Chuo-ku* | 中央区銀座*5-7-4* | *U-Bahn G 09, M 16 Ginza* | *f4*

AUSGEHEN & FEIERN

Ausgehen bedeutet in Japan meist Essen, Trinken und Karaoke. Viele Bars und Kneipen berechnen abends eine *cover charge* (300–1000 Yen), deren Bezahlung Pflicht ist. Oft gibt's dafür einen kleinen Snack zum Getränk. Clubs zum Tanzen findest du in Shibuya und Roppongi, Bars mit Livemusik und Kleinkunsttheater in Shimokitazawa, Theater und Konzerthallen vor allem in Ginza und Shinjuku.

KABUKIZA-THEATER (歌舞伎座)

Männer in Frauenrollen mit geschminkten Gesichtern in prächtigen Kimonos, Musik auf japanischen Instrumenten, Geschichten zwischen Komik und Drama – das ist die alte japanische Theaterform Kabuki. Kauf dir zum Reinschmecken an der Tageskasse eine Karte für einen Akt *(Hitomaku-mi)*, und leih dir einen englischen Audioguide aus. *Tgl. versch. Zeiten | ab ca. 1000 Yen | 4-12-15 Ginza, Chuo-ku* | 中央区銀座*4-12-15* | *kabuki-bito.jp/eng/top.html | U-Bahn H 09, A 11 Higashi-Ginza* | *f5*

BLUE NOTE TOKYO (ブルーノート東京)

Candy Dulfer, Till Brönner, David Foster – Jazzmusiker aus aller Welt fühlen sich hier zu Hause. Die Atmosphäre des Clubs mit 200 Plätzen ist intim und exklusiv. *Mo–Fr 17–22, Sa/So 15.30–21 Uhr | ab ca. 50 Euro | Leica Bldg., 6-3-16 Minami-Aoyama, Minato-ku* | 港区南青山*6-3-16*ライカビル | *bluenote.co.jp | U-Bahn G 02, C 04, Z 02 Omotesando* | *b5*

SHIBUYA WOMB (渋谷ウーム)

Super Elektro- und Technoclub fürs Wochenende: klasse DJs auf mehreren Tanzflächen, tolle Licht- und Lasershow. Nimm unbedingt einen Ausweis mit! *Do–Sa 22.30–4.30 Uhr | 2-16 Maruyama-cho, Shibuya-ku* | 渋谷区円山町*2-16* | *womb.co.jp/en | U-Bahn G 01, Z 01, F 16, JR Shibuya* | *a6*

WELLNESS

OTOME-YU (乙女湯)

Ja, auch in Tokio gibt es Onsen, natürliche, heiße Quellen, und hier sprudelt sogar schwarzes Wasser aus dem Boden. In diversen Becken kannst du gepflegt heiß baden – ganz traditionell. *Di–Sa 15–23, So 14–22.30 Uhr | 500 Yen, Sauna und Handtücher kosten extra | 7-3-13 Funabori, Edogawa-ku |* 江戸川区船堀７丁目*3-13 | oyunofuji1010.com/gallery/1839 | U-Bahn S17 Funabori |* *0*

STRÄNDE

INSIDER-TIPP **Wassersport vor Mega-Kulisse**

Strände gibt es in Tokio kaum. Eine der wenigen Ausnahmen: Auf Odaiba kannst du am *Ehukai-Strand* surfen und Stand-Up-Paddling oder Seakayaking testen *(tgl. 11–22 Uhr | 3500–8000 Yen | Marine House 1F 1-4-1 Daiba, Minato-ku | e-odaiba.com/Wind_surfing/Wind_surfing.html | U-Bahn U06 Odaiba-Kaihinkoen |* *0**)*. Baden ist dort aber verboten.

Sonnenbaden mit Skylineblick: Ehukai-Strand auf Odaiba

RUND UM TOKIO

KAWAGOE (川越市)

50 km von Tokio/1 Std. (Zug)

In der 350 000-Ew.-Stadt erwartet dich Nostalgie pur: Im Viertel Koedo („Kleines Edo") stehen noch Gebäude aus der Edo- und der Taisho-Zeit, darunter auch zweistöckige hölzerne Lagerhäuser. Traditionelle Süßigkeiten kannst du in der Gasse Kashiyayokocho probieren. Beim beliebten *Kawagoe Antique Market,* der jeden Monat am 28. stattfindet, findest du sicher ein einmaliges Mitbringsel. An den 100 Ständen hast du eine große Auswahl zwischen Kleinkram, Keramik und gebrauchten Kimonos.

INSIDER-TIPP **Fundstücke vom Flohmarkt**

Schon vor 1200 Jahren wurde der *Kita-in-Tempel (15 Min. vom Bahnhof Hon-Kawagoe)* gegründet. Dort reihen sich 538 Buddha-Steinstatuen aus dem 18. und 19. Jh. aneinander, jede von einem anderen Künstler gestaltet.

Eine lächelt, eine döst, eine wirkt aufgeregt. Findest du dich unter ihnen wieder? *🕮 G7*

NARITA-SAN-SHINSHOJI-TEMPEL (成田山新勝寺)

60 km von Tokio/1 ¼ Std. (Zug)

Eine der vielseitigsten Tempelanlagen Japans findest du nur wenige Bahnminuten vom Flughafen Narita in einem schönen Park. Führungen durch den über 1000 Jahre alten Komplex mit Tempelgebäuden, Sutrenhalle und Pagode sind auf Englisch möglich *(tgl. 10–15 Uhr | Buchung: naritasan_guide@yahoo.co.jp oder am Infoschalter vor der Pagode)*. Pass auf, dass du unterwegs nicht in der Omotesando-Straße hängen bleibst, wo du allerlei Krimskrams, Handwerk und lokale Spezialitäten wie gegrillten Aal und süße Reiskuchen mit Kirschblüten bekommst. *Tgl. 6–16 Uhr | 1 Narita, Narita-shi, Chiba-ken |* 千葉県成田市成田1 *| naritasan.or.jp/english | JR, Keisei Narita | ⏲ 2 Std. | 🕮 G7*

NIKKO-NATIONAL-PARK

(🕮 G7) **Das Sprungbrett zu den berühmten Heiligtümern und schönen Wandergebieten im Nikko-Nationalpark ist die Kleinstadt Nikko (75 000 Ew.) im Norden der Kanto-Region, die du in zwei Stunden von Tokio erreichst.**

Gegen Muskelkater hilft ein Bad in den vielen heißen Quellen der Gegend, zum Beispiel in Yumoto in der Bergregion Oku-Nikko.

SIGHTSEEING

TOSHOGU-SCHREIN (東照宮) & RINNOJI-TEMPEL (輪王寺)

Viel Lack und Gold glitzert in dieser prächtigen Schrein- und Tempelanlage mit 103 Gebäuden. Das in den Bergen versteckte Schmuckstück inmitten uralter Zedernwälder erreichst du über eine hellrote Brücke über dem Daiya-Fluss – das perfekte Fotomotiv! Vor allem die dekorativen Elemente am ★ Toshogu-Schrein und am dazugehörigen Yomeimon-Tor sind unfassbar detailliert und kreativ. Findest du die drei berühmten Affen von Nikko? Einer hält sich die Augen zu, der zweite die Ohren, der dritte den Mund. Sie stehen für „Nichts sehen, nichts hören, nichts sagen" nach einem Sprichwort von Konfuzius.

Frisch renoviert glänzt der Rinnoji-Tempel, in dessen Hauptgebäude drei riesige, mit Gold und Lack verzierte Amida-Götterstatuen thronen. Den Grundstein für die Anlage, Teil des Unesco-Weltkulturerbes, legte ein buddhistischer Mönch im 8. Jh., die meisten Gebäude stammen aus dem 17. Jh. Der Garten im Edo-Stil ist zu jeder Jahreszeit reizvoll. *April–Okt. tgl. 9–17, Nov.–März 9–16 Uhr | 1300 Yen | 2301 Sannai, Nikko-shi, Tochigi-ken |* 栃木県日光市山内*2301 | visitnikko.jp/en/spots/nikko-toshogu-shrine | 10 Min. per Bus von Bahnhof Nikko, Tobu und JR, oder 35 Min. zu Fuß | 3–4 Std.*

CHUZENJI-SEE (中禅寺湖)

Der malerische See ist umgeben von dichten Wäldern, die zur Herbstlaubfärbung Ende Oktober herrlich aussehen. Der 100 m hohe Kegon-Wasserfall gilt als einer der drei schönsten Japans. *Bus (60 Min.) vom Bahnhof Nikko, Tobu und JR*

YOKOHAMA

(G7) **In Japans zweitgrößter Stadt (3,8 Mio. Ew.), nur 30 Bahnminuten von Tokio entfernt, spürst du deutlich die Nähe zum Meer.** Der weitläufige Hafen hat Yokohama vor 160 Jahren von einem verschlafenen Fischerdorf in eine moderne, internationale Stadt verwandelt. Am futuristischen Osanbashi-Pier legen die großen Kreuzfahrtschiffe an.

SIGHTSEEING

YOKOHAMA LANDMARK TOWER (横浜ランドマークタワー)

INSIDER-TIPP
Himmlischer Blick

In 40 Sekunden katapultiert dich der Aufzug in den 69. Stock zur Aussichtsplattform des zweithöchsten Gebäudes Japans. Abends, wenn das Hafengebiet, in dem sich ein Riesenrad dreht, beleuchtet ist, ist die Aussicht besonders spektakulär! An klaren Tagen siehst du sogar den Fuji. *So–Fr 10–21, Sa 10–22 Uhr | 1000 Yen | 2-2-1 Minato-mirai, Nishi-ku |* 西区みなとみらい*2-2-1 | Bhf. Minato-Mirai oder Sakuragicho | 1 Std.*

Kreist nur um euch selbst! Den Buddha Daibutsu bringt nichts aus der Ruhe

CUPNOODLES MUSEUM (カップヌードルミュージアム)

Im interaktiven Museum wandelst du auf den Spuren von Momofuku Ando, dem Erfinder der Instant-Ramen-Nudelsuppen, und kannst deine eigene Mischung kreieren. *Mi–Mo 10–18 Uhr | 500 Yen, Kinder bis 12 J. 300 Yen | 2-3-4 Shinko, Naka-ku | 中区新港2-3-4 | cupnoodles-museum.jp/en | Bhf. Minatomirai oder Bashamichi*

ESSEN & TRINKEN

CHINATOWN (中華街) ★

Japaner lieben chinesisches Essen, und nirgends schmeckt es so authentisch wie in der größten Chinatown Japans. Dort findest du 600 Shops und Lokale mit chinesischer Küche aus allen Regionen des Reichs der Mitte. *Bhf. Motomachi/Chukagai*

SHOPPEN

YOKOHAMA RED BRICK WAREHOUSE (横浜赤レンガ倉庫)

Vor über 100 Jahren wurden sie als Lagerhäuser gebaut. Heute findest du in den Ziegelgebäuden am Hafen coole kleine Läden und einen Foodcourt. Toll: der Blick auf die Skyline von Yokohama bei Nacht. *Tgl. 10–19 Uhr (Gebäude 1), 11–20 Uhr (Gebäude 2) | 1-1 Shinko, Naka-ku | 中区新港1-1 | yokohama-akarenga.jp/en | Bhf. Bashamichi oder Nihon-odori*

KAMAKURA

(*📖 G8*) Ein Ausflug von Tokio in die frühere Kaiserstadt ★ Kamakura (172 000 Ew.) lohnt sich zweifellos.

Nach knapp einer Stunde Fahrtzeit empfangen dich ein großer Buddha, unzählige Tempel und Schreine im Grünen und Strände.
Heute wirkt das „Kyoto des Ostens" zwar lässig, aber ein wenig verschlafen, dabei war Kamakura vom 12. bis 14. Jh. als Sitz des Minamoto-Clans das politische Zentrum Japans.

SIGHTSEEING

KITA-KAMAKURA (北鎌倉)

Beginn deine Tour durch diesen Tempelbezirk im Zentempel *Engakuji (tgl. 8–16 Uhr | 500 Yen | 1 Min vom Bhf. Kitakamakura, JR).* Dessen Reliquienhalle *Shariden* mit einem Zahn Buddhas ist Japans ältestes Zengebäude. Weiter geht es zum 1253 erbauten *Kenchoji*-Tempel, Japans ältestem Zenkloster *(tgl. 8.30 bis 16.30 Uhr | 500 Yen | ⏲ 1–1½ Std.).* Schau dir unbedingt auch den kleinen *Hansobo-Schrein* dahinter an.

SIDER-TIPP
Fabelhafte Ungeheuer
So viele Statuen des Fabelwesens Tengu mit langen Nasen, Schnabelmündern und Flügeln findest du sonst nirgends!

DAIBUTSU (大仏)

Seelenruhe strahlt der sitzende Große Buddha aus dem 13. Jh. im Tempel Kotoku-in aus, der von Grün umgeben ist. Gegen eine kleine Gebühr kannst du in die 11,4 m hohe und 121 t schwere Bronzestatue hineinsteigen, die einst mit Blattgold belegt war. *April–Sept. tgl. 8–17.30, Okt.–März 8–17 Uhr | 300 Yen | kotoku-in.jp/en | Bhf. Hase, Enoden-Linie | ⏲ 15 Min.*

HASEDERA (長谷寺)

Gleich in der Nähe des Daibutsu liegt der Tempel Hasedera, der Barmherzigkeitsgöttin Kannon gewidmet. Auf dem gestuften Gelände findest du viele kleine Jizo-Statuen, vor die Gläubige Blumen und Süßigkeiten legen. Jizo ist der Schutzgott der Kinder, auch von Kinderseelen, die eine Fehlgeburt oder Abtreibung erlitten haben. Traumhaft schön ist der Garten auf der obersten Ebene im Juni und Juli, wenn die Hortensien blühen. *April–Juni tgl. 8–17.30, Juli–März 8–16.30 Uhr | 400 Yen | hasedera.jp/en/about | Bhf. Hase, Enoden-Linie | ⏲ 1–1½ Std.*

STRÄNDE

Yuigahama und Zaimokuza in Kamakura sowie die angrenzenden Strände in Richtung der Halbinsel Enoshima nach Westen und Zushi im Osten sind im Juli und August, wenn Rettungsschwimmer am Strand patrouillieren, voller Einheimischer. In den restlichen Monaten gehört das Meer den Surfern, die sich dort zu Hunderten in die Wellen stürzen – und Ausländern. *Bhf. Yuigahama, Enoden-Linie*

FUJI-HAKONE-IZU-NATIONALPARK

(🕮 G8) **Im meistbesuchten Nationalpark Japans hat man zusammengefasst, was geografisch nicht**

unbedingt zusammengehört: Japans höchsten Berg Fuji-san, die fünf Fuji-Seen in seiner Umgebung, die Hakone-Gegend mit dem Ashi-See, die Izu-Halbinsel sowie die Izu-Inseln südlich von Tokio.
Auch Flora und Fauna sind unterschiedlich, von Bergwäldern bis zu subtropischen Inseln. Wenn sie etwas verbindet, dann, dass sie vulkanisch geprägt sind, allen voran der Vulkankegel des Fuji.

SIGHTSEEING

ASHI-SEE (芦ノ湖)

Bei gutem Wetter spiegelt sich im Kratersee Ashi-no-ko der Vulkankegel des Fuji im Wasser. Das perfekte Postkartenmotiv hast du von einer Fähre im Piratenschiffstil, wenn du dazu noch das orangefarbene *torii*-Tor des Hakonejinja-Schreins am Seeufer mit aufs Foto bekommst. Die Anfahrt mit der gemütlichen Hakone-Tozan-Railway nach Gora und weiter per Kabel- und Seilbahn macht die Hälfte des Vergnügens aus. Rund um den See gibt es viele Wanderwege. *Mitte März–Nov. tgl. 10–17.30 Uhr, Dez.–Mitte März 10–16.40 Uhr | Fahrt 1200 Yen, Kinder bis 11 J. 600 Yen | Talstation Togendai der Hakone-Seilbahn*

OWAKUDANI (大涌谷)

Puh, hier stinkt's! Das liegt an den aktiven Schwefelschloten des Vulkantals. Probier die schwarzen, in Schwefelwasser gekochten Eier – angeblich verlängern sie die Lebenserwartung. Owakudani entstand beim letzten Ausbruch des Hakone vor 3200 Jahren. *Station Owakudani der Hakone-Seilbahn zwischen Sounzan und Togendai*

INSIDER-TIPP
Mutprobe mit Ei

HAKONE-OPEN-AIR-MUSEUM (箱根 彫刻の森美術館)

Dieses Outdoor-Museum wirst du lieben, auch wenn du sonst mit moderner Kunst nicht viel anfangen kannst. Auf einer Fläche von 70 000 m² stehen rund 120 überdimensionale Skulpturen in einem großen Garten, darunter die voluminöse „Miss Black Power" von Niki de Saint Phalle. *Tgl. 9–17 Uhr | 1600 Yen, Kinder 800 Yen | 1121 Ninotaira, Ashigarashimo-gun, Hakone-cho, Kanagawa-ken* | 神奈川県足柄下郡箱根町二ノ平*1121* | *hakone-oam.or.jp | Bhf. Chokoku-no-Mori, Hakone-Tozan-Linie via Bhf. Hakone-Yumoto, Odakyu-Linie | 3–4 Std.*

FUJI (富士山) ★

Vor allem im Winter, wenn ihn eine weiße Schneekappe bedeckt, ist der 3776 m hohe Vulkankegel des Fuji majestätisch schön. Wenn du Glück hast, siehst du ihn vom Flugzeug oder vom Shinkansen-Schnellzug Richtung Kyoto. Das Wahrzeichen Japans, seit 2013 Unesco-Weltkulturerbe, hat Künstler und Dichter inspiriert und ist das Ziel von Pilgern, die ihn als Gott verehren. Fujiyama nennt man ihn übrigens wegen eines Übersetzungsfehlers nur in Deutschland; Japaner sprechen vom Fuji-san. Der aktive Vulkan ist 1707 zuletzt ausgebrochen. Damals war sogar noch das 100 km entfernte Tokio aschebedeckt. Auch wenn ihn zur offiziellen Klettersaison von Juli bis Mitte September Hunderttausende Wanderer besteigen, solltest du den Fuji auf keinen Fall unterschätzen. Selbst wenn der Rest von Japan brütend heiß ist, kann es oben bitterkalt werden und sogar schneien. Weicher Lavasand erschwert den Aufstieg. Zwei Tage brauchst du für die typische Tour. Manche Kletterer übernachten in Gipfelhütten, die über 3000 m liegen. Am besten schließt du dich einer Tour mit ortskundigem Führer an *(z. B. fujimountainguides.com)* – nur auf keinen Fall am Wochenende! Sonst kann es dir passieren, dass du zum Gipfel in der Schlange stehst.

IZU-INSELN (伊豆諸島) ★

Per Schnellboot in wenigen Stunden oder mit der Fähre über Nacht erreichst du die vulkanischen Izu-Inseln südlich von Tokio (nicht zu verwechseln mit der Izu-Halbinsel, von der auch einige Schiffe dorthin verkehren). Sie sind herrlich zum Campen, Wandern, Fischen und Baden.

INSIDER-TIPP
Delfine in Sicht!

Vor der Küste von Mikurajima kannst du im Sommer mit wilden Delfinen schwimmen *(Buchung über die Touristeninformation: info@mikura-isle.com)*. Zur Insel *Hachijo-jima*, bekannt für heiße Quellen mit Blick auf den Ozean, fliegende Fische und eine kleine Version des Fuji, kannst du ein Flugzeug nehmen. Wetterbedingt fallen Fähren öfter mal aus, plan unbedingt Puffer ein. Rabatte von bis zu 20 Prozent gibt es mit Discount-Fährtickets, z. B. für Frühbucher *(tokaikisen.co.jp/en/time_price/discount)*. *Tgl. Schnellboote und Fähren (tokaikisen.co.jp/en) ab Takeshiba-Terminal, Bhf. Takeshiba, U 03*

Gekapert: Im Piratenschiff eroberst du den Ashi-See und gleitest am Fuji vorbei

ZENTRALJAPAN

LEBENSLUST UND KULTURGENUSS

Lange schlug hier, in der Region Kansai in Zentraljapan, das kulturelle und politische Herz Japans. Kyoto und Nara, die zeitweilig Sitz des Kaisers waren, sind für ihr historisches Erbe weltberühmt.

Im Gegensatz zur dynamischen Hauptstadt Tokio genießt man dort das *slow life*, soweit es in Kyoto die steigende Zahl an Touristen erlaubt. Traditionell eine Stadt der Kaufleute, ist Osaka nach Tokio das wichtigste Handelszentrum Japans. Der Charakter der gewieften

Der Kinkaku-ji in Kyoto heißt nicht ohne Grund Goldener Tempel

Händler spiegelt sich noch heute in den lebenslustigen Bewohnern von Osaka wider. Die Stadt ist verrufen für ihren Dialekt und bekannt für ihre Comedians. Zusammen mit der Hafenstadt Kobe bilden Osaka und Kyoto eine der größten Metropolregionen der Welt, in der über 24 Mio. Menschen leben. Aber es gibt auch ländliche Gebiete. So prägen in den umliegenden Präfekturen Fukui, Shiga oder Wakayama Reisfelder, Berge und Wälder die Landschaft.

ZENTRALJAPAN

MARCO POLO HIGHLIGHTS

★ NARAIJUKU
Auf Zeitreise ins „alte Japan" in dieser früheren Poststation im Stil der Edo-Zeit
➤ S. 83

★ JIGOKUDANI-SCHNEEAFFENPARK
Beobachte Japanmakaken beim winterlichen Bad in heißen Quellen
➤ S. 83

★ TATEYAMA KUROBE ALPINE ROUTE
Neben 20 m hohen Schneewänden sehen selbst Reisebusse wie Spielzeuge aus
➤ S. 84

★ KANAZAWA
Zu Besuch in den Teehäusern der traditionellen Geisha-Stadtviertel ➤ S. 84

★ ISE-JINGU
Tank Kraft an einem der wichtigsten Powerspots in Japan ➤ S. 89

★ FUSHIMI INARI-TAISHA
Tausende Tore winden sich den Berg hinauf – eine einmalige Kulisse in Kyotos Süden ➤ S. 90

★ TODAI-JI
In der alten Kaiserstadt Nara sitzt ein riesiger Buddha in einem der größten Holzbauwerke der Welt ➤ S. 94

★ KAIYUKAN-AQUARIUM
Haie, Rochen und Quallen in der Jellyfish Galaxy – atemberaubende Unterwasserwelten in Osaka ➤ S. 96

★ KOYA-SAN
Erleb die Welt der buddhistischen Mönche hautnah ➤ S. 98

★ BURG HIMEJI
Japans wohl schönste Burg erstrahlt in frischem Glanz ➤ S. 99

MATSUMOTO

(🕮 F7) **Berühmt ist die zweitgrößte Stadt (240 000 Ew.) der Präfektur Nagano für ihre imposante Burg mit dem ältesten Bergfried Japans.** Besuch unbedingt auch die 10 Gehminuten von der Burg entfernte Straße Nakamachi-dori im alten Händlerviertel. Dort findest du traditionelle Süßigkeiten, Handwerksläden und feine Lokale. Die Stadt ist kompakt und ideal für Ausflüge in die Umgebung.

SIGHTSEEING

BURG MATSUMOTO (松本城)

Wenn sich im Frühjahr die Kirschblüten hellrosa färben, ist die im 16./17. Jh. gebaute Burg eins der schönsten Fotomotive. Aber auch sonst ist die schwarze Festung mit der roten Brücke über dem Burggraben eine Augenweide. Ins oberste Stockwerk führt der Weg über schmale, steile Holztreppen. Schuhe aus, du darfst nur auf Socken hochsteigen! *Tgl. 8.30–17 Uhr | 700 Yen | 4-1 Marunouchi, Matsumoto-shi, Nagano-ken |* 長野県松本市丸の内*4-1 | matsumoto-castle.jp/lang/eng | Bus-Station Matsumotojo-Shiyakushomae |* ⏲ *1 Std.*

RUND UM MATSUMOTO

1 DAIO WASABI FARM (大王わさび農場)

14 km von Matsumoto/45–60 Min. (Zug, Bus)

Woher kommt der Scharfmacher im Sushi? Erfährst du hier. Die Farm ist auch was für Filmfans: Sie erkennen Wasserräder aus Akira Kurosawas Film

Der Zenko-Ji-Tempel in Nagano verwahrt als Heiligtum Japans älteste Buddha-Statue

„Dreams" (1989) wieder. Aber die Hauptsache ist Japanischer Meerrettich.

INSIDER-TIPP
Wasabi für Wagemutige

Forder deine Geschmacksnerven mal mit Wasabi-Eis, Wasabi-Schokolade oder Wasabi-Bier heraus! *März–Nov. tgl. 8–17, Dez.–Feb. 9–16 Uhr | Eintritt frei | 3640 Hotaka, Azumino-shi, Nagano-ken |* 長野県安曇野市穂高 *3640 | Bhf. Hotaka, JR, dann Shuttlebus (500 Yen) | F7*

2 NARAIJUKU (奈良井宿) ★

40 km von Matsumoto/40 Min. (Zug)

Schlendre an traditionellen Häusern entlang, kehr in Cafés ein und erkunde das Sortiment von Lädchen mit Kunsthandwerk, darunter viele örtlich hergestellte Lackwaren. Das Dörfchen Naraijuku ist eine der am besten erhaltenen Poststationen an der alten Nakasendo-Straße im Kiso-Tal. Hier reisten in der Edo-Zeit die Postboten von Kyoto nach Tokio. Übernachten kannst du in kleinen Familienpensionen. *Bhf. Naraijuku, JR | F7*

NAGANO

(F7) **Die von hohen Bergen umschlossene Stadt (367 000 Ew.) war 1998 Gastgeberin der Olympischen Winterspiele; einige Einrichtungen kannst du besichtigen.**

Im Sommer ist es relativ kühl, im Winter schneit es ordentlich. Rund um das „Dach Japans" findest du Dutzende von Skigebieten mit hervorragender Wintersport-Infrastruktur.

SIGHTSEEING

SHINSHU ZENKO-JI (信州善光寺)

Seit 1400 Jahren beten die Bewohner von Nagano an diesem buddhistischen Tempel. Im Winter, wenn alles schneebedeckt ist, ist die Stimmung besonders magisch. Die Freiwilligengruppe *Bonsho no Kai (Reservierung: bonshonokai@yahoo.co.jp)* führt am Wochenende kostenlos auf Englisch.

INSIDER-TIPP
Sonnengruß auf Japanisch

Bist du Frühaufsteher? Dann besuch die Morgenmesse *(O-Asaji)*, immer zum Sonnenaufgang. *Tgl. ca. 6–16 Uhr je nach Jahreszeit | 600 Yen | 491 Motozenmachi, Nagano-shi, Nagano-ken |* 長野県長野市元善町*491 | zenkoji.jp/en | Bus-Station Zenkoji-Daimon*

RUND UM NAGANO

3 JIGOKUDANI-SCHNEEAFFENPARK (地獄谷野猿公苑) ★

35 km von Nagano/40 Min. (Bus)

Japanmakaken lieben es, im Winter in heißen Quellen zu baden. Von den vielen Touristen, die sie dabei in diesem engen Flusstal beobachten, lassen sie sich nicht stören.Per Webcam *(en.jigokudani-yaenkoen.co.jp/livecam2/video.html)* kannst du vorher prüfen, ob Affen vor Ort sind. Beste Zeit: Januar und Februar. Wenn du einmal selbst ins warme Wasser steigen willst: Das Tal liegt nicht weit entfernt von beliebten Orten mit heißen Quellen wie Shibu Onsen und Yudanaka Onsen. *April–Okt. tgl. 8.30–17, Nov.–März 9–16 Uhr | Erw. 800 Yen, Kinder 400 Yen | 6845 Hirao, Yamanouchi-machi, Shimotakai-gun, Nagano-ken |* 長野県下高井郡山ノ内町大字平穏*6845 | en.jigokudani-yaenkoen.co.jp. | Bus-Station Snow Monkey Park (tgl. 4–10 Busse von Nagano, Ticket 1400 Yen) |* *G7*

4 KARUIZAWA (軽井沢市)

75 km von Nagano/30 Min. (Zug)

Wenn es den Tokiotern zu heiß wird, fliehen sie gerne ins kühlere Karuizawa (19 000 Ew.). Der auf 1000 m gelegene Ferienort am Fuße des aktiven Vulkans Asama ist beliebt bei Radfahrern, Golfern und Wanderern, insbesondere zur Laubfärbung von Mitte Oktober bis Anfang November. Auch Hochzeiten feiert man hier gern. In dem europäisch angehauchten Städtchen findest du unzählige Boutiquen, Cafés, Shops mit Handwerk und lokalen Spezialitäten sowie eine riesige Outlet-Mall *(Prince Shopping Plaza). Bhf. Karuizawa |* *G7*

5 TATEYAMA KUROBE ALPINE ROUTE (立山黒部アルペンルート) ★

75 km von Nagano/3 Std. (Bus) bis zu den Schneewänden

Nirgends auf der Welt schneit es so viel wie in den Bergen von Niigata, pro Jahr 30 bis 40 m! Neben den riesigen Schneewänden sehen selbst Reisebusse wie Spielzeuge aus *(alpenroute.com/de)*. Die Anreise ist Teil des Erlebnisses, für das du einen Tag einplanen solltest: per Bus, Oberleitungsbus, Seilbahn und Standseilbahn, zu Fuß über den Kurobe-Damm. Im Sommer und Herbst kannst du dort wandern. *Bus Nr. 25 ab Bhf. Nagano (Ostausgang) nach Omachi (60 Min.), mehrere Stopps bis Ogizawa, von dort zu Schneewänden (2 ¼ Std., 10 410 Yen, ca. Mitte April–Nov.) |* *F7*

6 HAKUBA (白馬村)

44 km von Nagano/1 Std. 10 Min. (Bus)

Das Dörfchen (9000 Ew.) in den Nördlichen Alpen liegt in einem der besten Wintersportgebiete Japans *(hakubavalley.com/en/ski_resort_info)* mit insgesamt neun Skiresorts. Rund 10 m Schnee im Jahr sind perfekt für alle Arten von Wintersport, selbst Schneemobil und Heliskiing. Auch für Après-Ski ist gesorgt, das Nachtleben ist vielseitig. Von Juni bis Oktober kannst du dich organisierten Wandertouren anschließen. *Alpico-Bus nach Hakuba 1- bis 2-mal stündlich (Ticket 2200 Yen) ab Bhf. Nagano |* *F7*

KANAZAWA

(F7) **In der Hauptstadt der Präfektur Ishiwa (460 000 Ew.) sind viele traditionelle Viertel der alten Burgstadt gut erhalten.**

★ Kanazawa war in der Edo-Zeit der Sitz des reichen Maeda-Clans, der zweitmächtigsten Feudalherren Japans. Das sieht man heute noch am kulturellen Reichtum, vergleichbar mit Kyoto und Tokio.

Meditativ: Der Kenroku-en zählt zu den schönsten Landschaftsgärten Japans

SIGHTSEEING

SAMURAIVIERTEL NAGAMACHI (長町)

Beim Spaziergang durch die von Mauern umschlossenen Gassen zwischen den Samurairesidenzen kommst du dir wie auf Zeitreise vor. Trotz des hohen Eintrittspreises lohnt der Besuch in der Samurairesidenz *Nomura-ke (April–Sept. tgl. 8.30–17.30, Okt.–März 8.30–16.30 Uhr | 550 Yen | 1-3-32 Nagamachi, Kanazawa-shi, Ishikawa-ken |* 石川県金沢市長町 *1-3-32 | Bus-Station Nagamachi Buke-Yashiki-Ato)* von 1843, vor allem wegen ihres kleinen, aber raffinierten Gartens mit Zen-Atmosphäre.

KENROKU-EN (兼六園)

Einer der drei schönsten Landschaftsgärten Japans hat zu jeder Jahreszeit seinen Reiz. Der weitläufige Park war einst der Außengarten der *Burg von Kanazawa (Öffnungszeiten wie Kenroku-en | Eintritt teils kostenpflichtig)* gleich gegenüber. Von einem Hügel hast du eine super Aussicht auf die zahlreichen Ahorn-, Kirsch- und Pflaumenbäume, Iristeppiche und Azaleenbüsche, rund um den großen künstlichen Teich in der Mitte kannst du auf vielen Bänken ausruhen. Auffällig sind die *Yukizuri*, schirmartige Konstruktionen aus Seilen, die im Winter die Äste der Kiefern stützen und verhindern, dass sie unter der Last des Schnees brechen. *März–15. Okt. tgl. 7–18, 16. Okt.–Feb. 8–17 Uhr, Frühöffnung April–Aug. 4–7, Nov. 6–8 Uhr | 320 Yen, zur Frühöffnung kostenlos | 1-4 Kenrokumachi, Kanazawa-shi, Ishikawa-ken |* 石川県金沢市兼六町 *1-4 | kenrokuen.or.jp | Bus-Station Kenrokuen Shita/Kanazawa Castle, Kanazawa Loop Bus (LL 9, RL 8)*

CHAYAGAI-TEEHAUSVIERTEL (茶屋街)

In Kanazawa gibt es drei gut erhaltene Teehausviertel: Higashichayagai, Nishichayagai und Kazuemachichayagai. In den Teehäusern *(chaya)* führen Geishas für Gäste Lieder und Tänze auf. In Higashichayagai sind zwei Teehäuser für Touristen zugänglich: Das *Shima Teahouse (tgl. 9.30–17 Uhr | 500 Yen)* ist ein Museum, das über das Leben als Geisha informiert; im *Kaikaro Teahouse (tgl. 10–17 Uhr | 750 Yen, Tee inkl.)* wird auch tatsächlich Tee serviert. Die anderen Gebäude, allesamt zweistöckig und mit Holz verkleidet, beherbergen Cafés und Läden mit lokalen Spezialitäten und Kunsthandwerk. *10 Min. per Kanazawa Loop Bus vom Bhf. Kanazawa, Bus-Station Hashibacho (Koban-mae), RL5*

Abwarten vorm Teetrinken: In den Teehäusern gibt's auch Musik und Tanz

ESSEN

HYAKUYAKU (百薬)

Auf die Frage, ob er vegan oder vegetarisch koche, lacht der Besitzer: Freestyle! Das üppige Mittagsmenü mit Tofu und frischem Gemüse schmeckt lecker und ist gesund. Es wird auf Wunsch variiert, z. B. bei Allergien. *Mi–Mo 7.30–10, 11–14.30, 15 Uhr bis Open End | 2-3-23-2 Nagamachi |* 長町 *2-3-23-2 | €*

INSIDER-TIPP **Lunch nach Maß**

SHOPPEN

HAKUZA (箔座)

In diesem Geschäft im Teehausviertel Higashichayagai ist alles mit Blattgold belegt; sogar Gesichtscremes, Sake und Süßigkeiten enthalten kleine Goldpartikel. *Mi–Mo 10–17 Uhr | hakuza.co.jp | 10 Min. per Kanazawa Loop Bus vom Bhf. Kanazawa, Bus-Station Hashibacho (Koban-mae), RL5*

RUND UM KANAZAWA

7 FUKUI PREFECTURAL DINOSAUR MUSEUM (福井県立恐竜博物館)

70 km von Kanazawa/1 Std. 40 Min. (Auto)

In dem riesigen Outdoor-Museum sind 42 vollständige Skelette aufgebaut, viele von seltenen asiatischen Dinosauriern. Auf einer Tour (online reservieren) kannst du selbst nach

Fossilien klopfen. *Tgl. 9–17 Uhr, außer 2./4. Mi im Monat | 1220 Yen, Studenten/Schüler 1020 Yen, Grundschüler 610 Yen | 51-11 Murokocho Terao, Katsuyama-shi, Fukui-ken |* 福井県勝山市村岡町寺尾*51-11 | dinosaur.pref.fukui.jp/en | 10 Min. per Taxi vom Bhf. Katsuyama | 4 Std. | F7*

TAKAYAMA

(F7) **Klein-Kyoto wird Takayama (82 000 Ew.) auch genannt – wegen seiner gut erhaltenen Altstadt mit Holzhäusern aus der Edo-Zeit.**

Die beste Reisezeit für Takayama ist April und Oktober, wenn bei großen Festen riesige Umzugswagen durch die Stadt ziehen. Das ganze Jahr über schmeckt hier Hida-Beef, köstlich zartes Rindfleisch.

SIGHTSEEING

HIDA FOLK VILLAGE (飛騨の里)

Am Ortsrand lernst du im Museumsdorf mehr über das Leben in Bergdörfern zur Edo-Zeit. Im Sommerhalbjahr gibt es regelmäßig Handwerksvorführungen. Gleich gegenüber im *Hida Takayama Crafts Experience Center* kannst du deine kreative Ader bei Workshops *(15–60 Min. | ab 600 Yen | keine Reservierung nötig)* ausleben. *Tgl. 8.30–17 Uhr | 700 Yen | 1-590 Kamioka-motomachi, Takayama-shi, Gifu-ken |* 岐阜県高山市上岡本*1-590 | hidanosato-tpo.jp/english12.htm | 10 Min. per Bus vom Bhf. Takayama, Bus-Station Hida-no-sato | 1 ½ Std.*

RUND UM TAKAYAMA

8 SHIRAKAWA-GO (白川郷)

45 km von Takayama/53 Min. (Bus)

Tief in dicht bewaldeten Bergen liegen die Dörfer von Shirakawa-go (1600 Ew.) – sie gehören zum Unesco-Weltkulturerbe. Berühmt sind sie für Bauernhäuser mit steilen Dächern, die wie zum Gebet gefaltete Hände aussehen. Die hohen Dachräume nutzten die Bewohner seit dem 17. Jh., um Seidenraupen zu halten und Schießpulver herzustellen. Die beste Reisezeit ist Mai oder August bis Oktober. Du kommst in familiengeführten Pensionen *(vill.shirakawa.lg.jp/1415.htm)* unter und kannst in heißen Quellen baden. *F7*

NAGOYA

(F8) **In der modernen Businessstadt zwischen Tokio und Kyoto (2,3 Mio. Ew.) ragen rund um den Bahnhof elegante Hochhäuser mit schicken Shopping-Malls wie Midland Square oder JR Central Towers in den Himmel.**

Die viertgrößte Stadt Japans bietet keine Top-Attraktionen, man kann hier aber hervorragend shoppen – auch in weitläufigen unterirdischen Malls. Nagoya ist praktisch als Ausgangspunkt für Touren ins Umland. Kulinarisch ist es für Nudelgerichte wie *kishimen* und *misonikomi-udon* sowie eine rote

Fein gewebt wie ein Spinnennetz: das Stahldach über dem riesigen Bahnhof von Kyoto

Sojabohnenpaste *(miso)* zur japanischen Version des Schnitzels *(misokatsu)* bekannt.

SIGHTSEEING

BURG NAGOYA (名古屋城)

Die Burg wurde seit ihrer Errichtung im 16. Jh. mehrfach zerstört und wiederaufgebaut. Der im 17. Jh. erbaute *Honmaru-Palast*, der als einer der schönsten Japans galt, brannte im Zweiten Weltkrieg ab. Zum Glück konnten viele der beweglichen Wände und Malereien gerettet werden. Seit 2009 läuft der Wiederaufbau, bei dem traditionelle Baumethoden verwendet werden. *Tgl. 9–16.30 Uhr | 500 Yen, kostenlose englische Tour 9.30 und 13 Uhr | Bus-Station Nagoya-jo Seimon-Mae | ⏲ 1 ½ –2 Std.*

RUND UM NAGOYA

9 TOYOTA (豊田市)

32 km von Nagoya/1 Std. (Zug)

Bis 1959 hieß die Stadt (417 000 Ew.) Koromo, dann wurde sie nach dem wichtigsten Arbeitgeber, dem Autohersteller Toyota, umbenannt. Die *kostenlosen Führungen durch die Fabrik* sind derzeit ausgesetzt, sollen aber wieder aufgenommen werden *(aktuelle Infos unter toyota.co.jp, Links „Company" und „Museums & Plant Tour")*. Das *Toyota Kaikan Museum (tgl. 9.30–17 Uhr | Eintritt frei | 1 Toyota-cho, Toyota-shi, Aichi-ken | toyota.co.jp/en/about_toyota/facility/toyota_kaikan | 20 Min. zu Fuß vom Bhf. Mikawa-*

Toyota) informiert über Innovationen und du kannst die neuesten Fahrzeuge probesitzen. *F8*

10 ISE-JINGU (伊勢神宮) ★

110 km von Nagoya/1 Std. 20 Min. (Zug)
Japans heiligster Schrein ist der Sonnengöttin Amaterasu gewidmet. Ihr Emblem, ein Spiegel, wird im Innenschrein *Naiku* aufbewahrt, ein Schutzgott residiert angeblich im Außenschrein *Geku*. Der Baustil ist schlicht: klare Holzstrukturen mit geraden Dächern, umgeben von Zäunen und Kieselwegen. Der Schrein, der als Kraftort gilt, wird alle 20 Jahre abgerissen und wiederaufgebaut. Der 63. Neubau findet 2033 statt. Fürs leibliche Wohl und schöne Souvenirs sorgt die Laden- und Restaurantmeile *Oharai-machi/Okage-Yokocho (März–Okt. tgl. 9.30–17.30, Nov.–Feb. 9.30–17 Uhr | 52 Uji Imazaike-cho, Ise-shi, Mie-ken |* 三重県伊勢市宇治今在家町 *52 | Bus-Station Jingukaikan-mae)* direkt am Eingang zum *Naiku*. *Jan.–April und Sept. tgl. 5–18, Mai–Aug. 5–19, Okt.–Dez. 5–17 Uhr | Eintritt frei | Bus ab Bhf. Ise-shi | F8*

KYOTO

(E8) **Das Stadtbild von Kyoto (1,45 Mio. Ew.) ist eine kuriose Mischung aus alt und traditionell, teils überraschend fad, dann futuristisch-modern wie der von Hiroshi Hara designte Bahnhof.**

In Kyoto residierte von 794 bis 1868 der japanische Kaiser, was zu einem ungeheuren kulturellen Reichtum geführt hat. Im Zweiten Weltkrieg verschonten die Amerikaner die Stadt daher und verzichteten auf den Abwurf von Bomben. Kyoto steht auf der Beliebtheitsskala von Japan-Besuchern ganz oben. Das spürst du vor allem zur Kirschblüte und zur Laubfärbung im Herbst, wenn die wichtigsten Sehenswürdigkeiten überlaufen sind. Es lohnt sich, auch den weniger bekannten Tempeln, Schreinen und Gärten einen Besuch abzustatten.

SIGHTSEEING

HEIAN-JINGU (平安神宮)

Das leuchtende Orange des 1895 gebauten Schreins kontrastiert eindrucksvoll mit dem Grün der geschwungenen Dächer. Ein 24 m hohes *torii*-Tor weist den Weg zu ihm. Schön ist auch ein Spaziergang im Garten mit mehreren miteinander verbundenen Teichen. Mach's wie Charlotte, die Hauptfigur von Sofia Coppolas Kultfilm „Lost in Translation", und überquer auf runden Steinen einen Teich. *Tgl. 6–18 Uhr | Tempel Eintritt frei, Garten 600 Yen |*

INSIDER-TIPP
Hüpf übers Wasser

WOHIN ZUERST?

Von der großen Holzterrasse des *Kiyomizu-dera*-Tempels auf den Hügeln im Osten der Stadt (Bus ab Bahnhof) hast du einen wunderbaren Blick über Kyoto, und in den engen Gässchen um den Tempel verfliegt die Zeit viel zu schnell.

97 Okazaki-Nishi-tenno-cho, Sakyo-ku | 左京区岡崎西天王町*97* | *Bus-Station Okazakikoen-Bijutsukan-Heian-Jingu-mae* | ⏲ *1 ½ Std.*

KIYOMIZU-DERA (清水寺)

Allein der Blick über Kyoto von der imposanten Holzterrasse vor der Haupthalle aus! Zugegeben, für eine meditative Erfahrung sind wegen des Andrangs andere Tempel besser geeignet. Die 13 m hohe Terrasse hat sogar in den japanischen Sprachschatz Einzug gehalten. Bei einer Herausforderung spricht man davon, „von der Terrasse des Kiyomizu-dera zu springen". Leicht zu übersehen ist der kleine *Jishu-jinja-Schrein* dahinter. Schaffst du es, mit geschlossenen Augen zwischen zwei großen Steinen in etwa 10 m Abstand zu gehen, ist dir ein glückliches Liebesleben sicher. Und nimmst du einige Schlucke von drei Quellen am *Otowa-Wasserfall*, erntest du Gesundheit, Glück in der Liebe und Erfolg. Einfach dran glauben, schaden kann's nicht! Und die Kamera zücken! Die zweithöchste dreistufige Pagode Japans ist ein super Fotomotiv. *Tgl. 6–18 Uhr, teils abends geöffnet* | *400 Yen* | *1-294 Kiyomizu, Higashiyama-ku* | 東山区清水*1-294* | *10 Min. zu Fuß von Bus-Station Gojozaka* | ⏲ *2 Std.*

INSIDER-TIPP
Liebe mit göttlicher Hilfe

SANJUSANGEN-DO (三十三間堂) ☂

Hier schwirrt dir der Kopf vor lauter Köpfen, Armen, Göttinnen. Nein, es ist keine optische Täuschung: In der 120 m langen Tempelhalle stehen tatsächlich 1001 Statuen der Barmherzigkeitsgöttin Bodhisattva Kannon in Lebensgröße. Und jede der im 12. und 13. Jh. aus Zypressenholz und mit Blattgold verzierten Statuen hat 11 Köpfe und – symbolisch – 1000 Arme, um den Menschen beim Kampf gegen das Leid helfen zu können. De facto wirst du aber „nur" 42 Arme pro Göttin zählen. Auch nicht gerade wenig, oder? *April–15. Nov. tgl. 8.30–17, 16. Nov.–März 9–16 Uhr* | *600 Yen* | *657 Sanjusangendo-mawari-cho, Higashiyama-ku* | 東山区三十三間堂廻町*657* | *Bus-Station Hakubutsukan-sanjusangendo-mae*

FUSHIMI INARI-TAISHA (伏見稲荷大社) ★

Wandern und Kultur: Beides bekommst du an diesem einzigartigen Ort. Der Schrein ist der wichtigste Japans, der der Reisgottheit Inari gewidmet ist. Füchse gelten als ihre Wächter, weswegen du dort Fuchsstatuen und Votivtafeln mit ihrem Bildnis findest. Ein Pfad mit Hunderten orangefarbenen Holztoren windet sich durch den Wald zum Gipfel des 233 m hohen Bergs Inari *(2–3 Std. hin und zurück)*. Steh am besten früh auf: In den Morgenstunden kommen weniger Touristen. *Tgl. rund um die Uhr* | *Eintritt frei* | *68 Fukakusa Yabunouchi-cho, Fushimi* | 伏見区深草藪之内町*68* | *Bhf. Inari, JR* | ⏲ *2 Std.*

KINKAKU-JI (金閣寺)

Der von einem Phoenix bekrönte Goldene Pavillon ist ein weiteres Muss – und auch dort erwarten dich viele an-

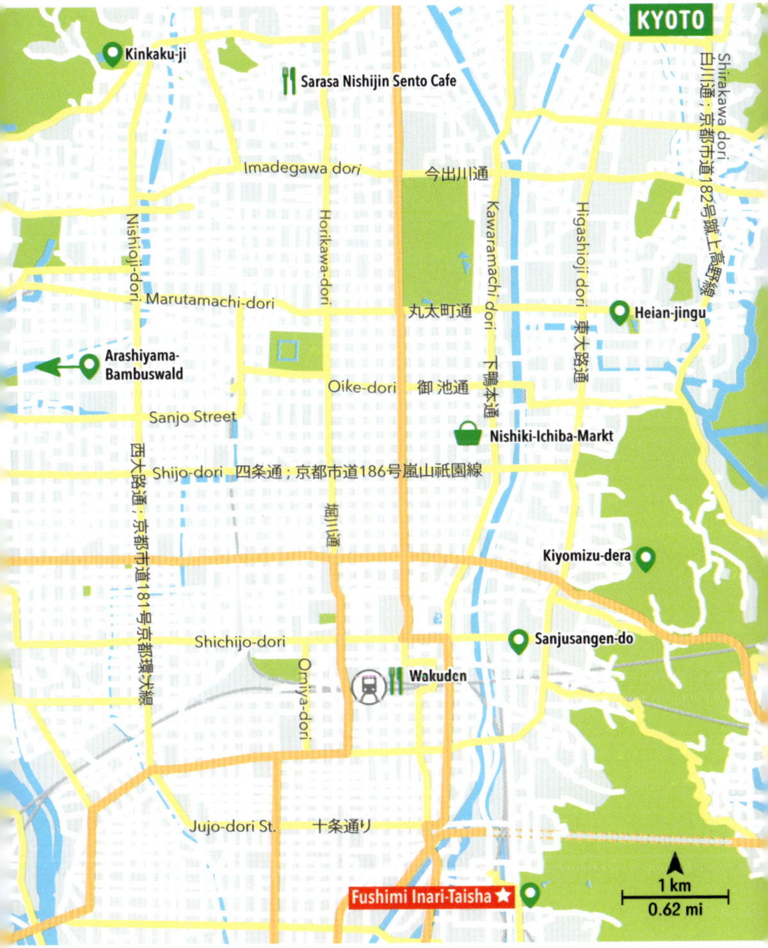

dere Touristen. Zum Glück wirst du auf kiefernbestandenen Pfaden so am Pavillon vorbeigeleitet, dass du trotzdem fantastische Fotos machen kannst, z. B. von der Spiegelung des mit Blattgold verzierten Tempels im Teich. *Tgl. 9–17 Uhr | 500 Yen | 1 Kinkakujicho, Kita-ku |* 北区金閣寺町1 *| Bus-Station Kinkakuji-mae |* ⏱ *45 Min.*

ARASHIYAMA-BAMBUSWALD (竹林の小径)

Durch den Arashiyama-Bambuswald führt ein 400 m langer Pfad. Er ist eines der beliebtesten Fotomotive in Kyoto – und leider oft überlaufen. *Tgl. rund um die Uhr | Eintritt frei | Arashiyama, Ukyo-ku |* 右京区嵐山 *| JR-Bhf. Saga-Arashiyama*

Muskelkraft und Teamarbeit: Nur so kommen die Festwagen beim Gion-Matsuri voran

ESSEN & TRINKEN

WAKUDEN (和久傳)

Hier rentiert es sich, vor 11 Uhr anzustehen: Das erste Dutzend Gäste bekommt Kyoto-Cuisine vom Feinsten für nur 4500 Yen. Die kreative, köstliche *kaiseki*-Küche mit regionalen Zutaten ist nicht ganz billig, aber jeden Cent wert! *Tgl. 11–14.30, 17–22 Uhr | 11F JR Kyoto Isetan, Higashi Shiokoji-cho, Shiokoji-sagaru, Karasuma-dori, Shimogyo-ku* | 下京区烏丸通塩小路下ル東塩小路町 | *wakuden.jp/en/ryotei/kyoto* | €€€

SARASA NISHIJIN SENTO CAFE (さらさ西陣)

In diesem ehemaligen Badehaus wird vor Originalfliesen mit Rosenmuster eine Mischung aus japanischen und westlichen Gerichten serviert – auch vegane Optionen stehen auf der Karte. *Do–Di 12–23 Uhr | 11-1 Murasakino Higashifujinomoricho, Kita-ku* | 京都市北区紫野東藤ノ森町 *11-1* | *Bus-Station Daitoku-ji-mae* | €

SPORT & SPASS

HOZUGAWA-KUDARI

INSIDER-TIPP **Nervenkitzel**

Bei dieser 16 km langen Wildwasserfahrt entlang des Hozugawa-Flusses manövrieren die Guides die langen Boote haarscharf an Felsen vorbei und durch Stromschnellen. *Tgl. 9–15 Uhr | 4100 Yen, Kinder (4–12 J.) 2700 Yen | hozugawakudari.jp/en | Torokko Romantic Train vom Bhf. Torokko Saga nach Kameoka in 25 Min.*

SHOPPEN

NISHIKI-ICHIBA-MARKT (錦市場)

Der Markt ist bekannt als die „Küche von Kyoto“, über 130 Stände, Läden und Lokale reihen sich unter einer überdachten Straße aneinander, viele seit Generationen familiengeführt. Du bekommst Fisch, Fleisch, Getrocknetes, Tofu, Gemüse, Eingelegtes, Kochgeschirr und japanische Messer. *Tgl. 9–17 Uhr, je nach Shop | Nishiki-koji-dori, zwischen Teramachi und Takakura, Nakagyo-ku |* **中京区錦小路通寺町～高倉間** *| Bhf. Shijo*

FESTE

GION-MATSURI (祇園祭)

Höhepunkt des berühmten Festes, das seit dem 9. Jh. alljährlich am 17. und 24. Juli stattfindet, sind prunkvolle Paraden von bis zu 25 m hohen Festwägen um den Schrein *Yasaka-jinja (tgl. rund um die Uhr | Eintritt frei | 625 Kitagawa, Gion-machi, Higashiyama-ku |* **東山区祇園町北側** *625 | Bus-Station Gion | ⏲ 30 Min.).*

RUND UM KYOTO

11 ENRYAKU-JI (延暦寺)

15 km von Kyoto/15 Min. (Bahn)

Gerade an einem Regentag hat diese riesige Tempelanlage inmitten eines Zedernwaldes, die zum Unesco-Welterbe zählt, etwas Mystisches. Einst standen auf dem Berg Hieizan im Nordosten Kyotos 3000 Gebäude, in denen Tausende Mönche lebten. Heute ist nur ein Bruchteil übrig, aber die Bedeutung des 788 gegründeten Klosters, eines der wichtigsten spirituellen Zentren Japans, ist immer noch spürbar. *März–Nov. tgl. 8.30–16.30, Dez. 9–16, Jan.–Feb. 9–16.30 Uhr im Todo-Areal, Saito und Yokawa öffnen 30 Min. später und schließen 30 Min. früher | 1000 Yen (gesamtes Gebiet), 500 Yen (Schatzhaus) | 4220 Sakamoto Honmachi, Otsu-shi, Shiga-ken |* **滋賀県大津市坂本本町** *4220 | Sakamoto-Kabelbahn ab Bhf. Hieizan-Sakamoto | ⏲ 4 Std. |* *🕮 E8*

12 KINOSAKI ONSEN (城崎温泉)

145 km von Kyoto/2 Std. 20 Min. (Zug)

In heißen Quellen baden: Das Thermalbadstädtchen Kinosaki am Japanischen Meer ist seit Jahrhunderten ein beliebter Ort dafür. Übernachte in einer der traditionellen *ryokan*-Herbergen, und flanier im *yukata* (leichter Baumwollkimono) und auf Holzsandalen entlang eines weidenumsäumten Wasserlaufs von Bad zu Bad. *Bhf. Kinosaki Onsen |* *🕮 E7*

NARA

(🕮 E8) **Gärten, Tempel, Schreine und Viertel im Stil der Edo-Zeit, über 1200 wilde Rehe und Hirsche, die durch die schachbrettartig angelegte Stadt (350 000 Ew.) laufen: Nara ist eins der schönsten Ziele in Zentraljapan.**

Vor über 1300 Jahren war Nara die erste japanische Haupt- und Kaiserstadt. Rehe und Hirsche werden seit Jahrhunderten als heilig verehrt und dürfen daher nicht gejagt werden. Zahm und zutraulich, sorgen sie schon mal für Verkehrschaos. Isst du einen

Snack, pass in der Nähe von Rehen lieber auf, sonst schnabulieren sie ihn dir vor der Nase weg.

SIGHTSEEING

TODAI-JI (東大寺) ★

Schon der Weg durch das imposante dunkle Holztor aus der Kamakura-Zeit ist beeindruckend. Links und rechts blicken dich riesige, finster dreinschauende Nio-Schutzgötter an. 752 als Haupttempel aller buddhistischen Tempel in Japan gegründet, ist die Haupthalle des Todai-ji eins der größten Holzgebäude der Welt. In der Halle thront eine 15 m hohe Buddhastatue aus Bronze auf einer Lotusblüte. Dort steht auch eine Säule mit einem Loch auf Bodenhöhe, deren Größe angeblich dem Nasenloch des großen Buddhas entspricht.

INSIDER-TIPP **Nasenöhr**

Wenn es dir gelingt, dich durch diese Öffnung zu zwängen, dann ist dir Erleuchtung garantiert – im nächsten Leben. *April–Okt. tgl. 7.30–17.30, Nov.–März 8–17 Uhr | 600 Yen | 406-1 Zoushi-cho |* 雑司町*406-1 | todaiji.or.jp/en | Bus-Station Daibutsuden Kasuga-Taisha-Mae | 45 Min.*

KASUGA TAISHA (春日大社)

Dieser faszinierende Schrein ist berühmt für seine unzähligen, vielgestaltigen Bronzelaternen, die von Pilgern gespendet wurden. Auch der Zugangsweg durch ein Wäldchen wird von großen Steinlaternen flankiert. *Außengelände April–Sept. tgl. 6–18, Okt.–März 6.30–17, innerer Bereich tgl. 9–16 Uhr | Außengelände Eintritt frei, Innenbereich 500 Yen | kasugataisha.or.jp/en/about_en | Bus-Station Kasuga Taisha-Honden | 1 ½–2 ½ Std.*

ESSEN & TRINKEN

IMANISHI-(HARUSHIKA)-SAKEBRAUEREI (今西清兵衛商店・ 春鹿)

Trocken und leicht blumig: So schmeckt Harushika-Sake. Beim Tasting in dieser 1884 gegründeten Brauerei im Naramachi-Viertel kannst du dich davon überzeugen. Nara gilt als der Geburtsort von Reiswein in Japan – vor Tausenden von Jahren! *Tgl. 10–17 Uhr | Tasting 500 Yen | 24-1 Fukuchiincho |* 福智院町*24-1 | 20 Min. zu Fuß vom JR-Bhf. Nara*

OSAKA

(🕮 E8) **Die drittgrößte Stadt Japans (2,7 Mio. Ew.) und Tokio liegen stets im Wettbewerb miteinander.**

Osaka ist seit der frühen Edo-Zeit eine Hafenstadt, geprägt von weltoffenen,

WOHIN ZUERST?

Tauch ein in das Labyrinth aus Einkaufsstraßen im Viertel *Dotonbori*, und verlier dich in Lichtern, Farben, Tönen. Probier dich dann durch die herzhafte lokale Küche in einer Stehkneipe. Zum Abschluss noch Karaoke oder ein Club – fertig ist der perfekte Osaka-Abend.

extrovertierten Händlern. Hier macht man gerne und gut Geschäfte, aber weiß auch zu feiern! Alles läuft unkomplizierter und weniger distanziert als in Tokio. Und woran merkst du sofort, dass du in Osaka und nicht in Tokio bist? Auf der Rolltreppe stehst du rechts statt links – auch das eine Folge des Kontakts mit dem Ausland.

SIGHTSEEING

BURG OSAKA (大阪城)

Der jetzige Bau steht erst seit 1931, besteht aus Stahlbeton und ist von außen schöner als von innen. Ein breiter Burggraben umgibt den weitläufigen Park. Im 16. Jh. gegründet, hielt die einst größte Burg Japans feindlichen Angriffen nur wenige Jahrzehnte stand. *Tgl. 9–17 Uhr | 600 Yen | 1-1 Osakajo, Chuo-ku |* 中央区大阪城 *1-1 | osakacastle.net | JR-Bhf. Osakajokoen |* ⏱ *45 Min.*

DOTONBORI (道頓堀)

Du schwimmst in einem Meer aus bunten Neonlichtern und Schildern an einem Kanal. Dazwischen Lokale und Shops in rauen Mengen – das ist Osakas beliebtes Ausgehviertel an der Ebisubashi-Brücke. Dort entdeckst du auch die Symbole von Osaka an Fassaden, eine riesige rote Krabbe und den laufenden Glico-Mann, eine LED-Werbetafel für Süßkram. *Bhf. Namba*

UMEDA SKY BUILDING (梅田スカイビル)

Die donutförmige Aussichtsplattform Kuchu Teien Observatory im 39. und 40. Stock des Wolkenkratzers hat was Spaciges; Rolltreppen verbinden in luftiger Höhe die zwei Türme. Von der Plattform hast du einen super 360-Grad-Rundumblick über Osaka, besonders toll bei Sonnenuntergang. Lass dir auch

INSIDER-TIPP
Ausblick im Abendrot

Kreischbunt, glitzernd und neongrell: Osakas beliebtes Ausgehviertel Dotonbori

auf der Freiluftterrasse 170 m über dem Boden den Wind um die Nase wehen. *Tgl. 9.30–22.30 Uhr | 1500 Yen, Kinder 5–12 J. 700 Yen | 1-1-88 Oyodonaka, Kita-ku | 北区大淀中1-1-88 | kuchu-teien.com/en | JR-Bhf. Osaka | 1 Std.*

ESSEN & TRINKEN

AJINOYA (味乃家)

Schon mal Pfannkuchen à la Japan gegessen? *Okonomiyaki*, die Spezialität von Osaka, sind herzhafte, dicke Pfannkuchen, auf der heißen Platte gebraten, serviert mit Saucen und Bonitoflocken. Nimm am besten die Mixversion mit Schweinefleisch, Shrimps, Tintenfisch, Hackfleisch und Kohl. *Di–Do, So 11–21.30, Fr/Sa 11–22 Uhr | 1-7-16 Namba, Chuo-ku | 中央区難波1-7-16 | Bhf. Namba | €*

STREAMER COFFEE COMPANY SHINSAIBASHI (ストリーマー コーヒーカンパニー 心斎橋店)

Military Latte, was ist das denn? Grüntee mit Schuss, genauer: Matcha Latte mit Espresso. Der Betreiber der coolen Cafékette ist Weltmeister in „Latte Art“, sprich der Kunst, Bilder in Kaffeeschaum zu „malen“. Trendiger Loftstil, an der Wand hängen Skateboards. *Tgl. 9–19 Uhr | 1-10-19 Nishishinsaibashi, Chuo-ku | 中央区西心斎橋1-10-19 | Bhf. Shinsaibashi | €€*

SHOPPEN

Wenn es in Osaka an etwas nicht mangelt, dann sind es Shops und Shopping-Malls. Allein vom Bahnhof Osaka aus kannst du dich in mehreren unterirdischen Einkaufsstraßen verirren, vom Bahnhof Namba aus ebenso. Oberirdisch, aber überdacht verläuft die längste Einkaufsmeile Japans *Tenshinbashisuji-Shotengai (Bhf. Ogimachi)* mit über 600 Läden. Traditioneller geht's im *Kuromon-Ichiba-Markt (tgl. ca. 9–18 Uhr, je nach Shop | 2-4-1 Nihombashi, Chuo-ku | Bhf. Nipponbashi Subway Station)* zu. Hier kaufen Anwohner und Restaurantköche seit 200 Jahren ein.

SPORT & SPASS

KAIYUKAN-AQUARIUM (海遊館) ★

Dieses sensationelle Aquarium ist eins der größten der Welt! Nach dem Gang durch einen Unterwasser-Glastunnel kannst du in 14 Großaquarien die Flora und Fauna von Naturzonen rund um den Pazifik erkunden. Ist viel los, geh am besten den spiralförmigen Weg weiter nach unten, denn jede Zone kannst du über Wasser, kurz unter der Oberfläche und in der Tiefe betrachten. Haie und Mantas drehen, flankiert von Fischschwärmen, in einem riesigen Tank ihre Runden; Fütterungen sind um 10.30 und 15 Uhr. Seelöwen, Delfine und Pinguine zeigen sich von ihrer spielerischen Seite. Faszinierend sind auch die kleineren Aquarien mit zarten Quallen. Jeden Tag um 17 Uhr verwandelt sich der Tag in Nacht – und zeigt ganz neue Seiten der Unterwasserwelten. *Tgl. 10–20 Uhr, unregelmäßig geschl. | 2700 Yen, Kinder*

INSIDER-TIPP
Licht- und Tierwechsel

7–15 J. 1400 Yen, 4–6 J. 700 Yen | 1-1-10 Kaigandori, Minato-ku | 港区海岸通*1-1-10 | kaiyukan.com/language/german |* ⏲ *3 Std.*

UNIVERSAL STUDIOS JAPAN (ユニバーサルスタジオジャパン)

Genug „getempelt"? Dann schalt den Kopf aus und vergnüg dich in diesem großen Freizeitpark rund um bekannte Filme wie „Jurassic Park", „Harry Potter" und „Spiderman". Genieß den Nervenkitzel beim Achterbahnfahren, und erfrisch dich bei Wildwasserattraktionen. *Tgl. wechselnde Öffnungszeiten, frühestens ab 8.30 Uhr, spätestens bis 21 Uhr | ab 8600 Yen, Kinder 5600 Yen (Tagespass) | 2-1-33 Sakurajima, Konohana-ku |* 此花区桜島*2-1-33 | usj.co.jp/web/en/us | Bhf. Universal City |* ⏲ *4–8 Std.*

GOKARTFAHREN

Schlüpf ins Kostüm deiner liebsten Videospielfigur, rein ins Gokart und ab durch Osakas Straßen! 90 bis 120 Minuten dauert die geführte Fahrt. Deutsche und Schweizer brauchen ihren Originalführerschein mit japanischer Übersetzung, bei Österreichern gilt der internationale Führerschein. *Street Kart Osaka | tgl. 12–22 Uhr | 9000 Yen | Ohiraki Souko-D-go, 3-1-10 Ohiraki, Fukushima-ku |* 福島区大開*3-1-10* 大開倉庫*D*号 *| kart.st/osaka*

AUSGEHEN & FEIERN

Wenn jemand in Japan zu feiern weiß, dann die Bewohner von Osaka! Karaoke, Bars, Livemusik und Clubbing … Beliebt sind *tachinomiya* – Bars, in denen du im Stehen einen Drink und kleine Appetizer nimmst.

Bei den Königspinguinen im Aquarium herrscht Aufregung – naht Futter?

CLUB JOULE (クラブジュール)

Hier ist immer etwas los, auch unter der Woche. Der Club erstreckt sich über drei Stockwerke mit Tanzfläche, Bar und Lounge. Nicht vergessen: Pass mitnehmen! *Tgl. 22–5 Uhr | ab 1000 Yen | Minamisumiyacho Bldg. 2-4F, 2-11-7 Nishishinsaibashi, Chuo-ku |* 中央区西心斎橋*2-11-7*南炭屋町ビル*2-4F | club-joule.com | Bhf. Shinsaibashi*

ROCK ROCK (ロックロック)

Augen auf, denn in dieser Bar hängen Musiker nach ihren Konzerten ab! Die Besucherliste liest sich wie das Who's Who der Musikwelt, von Metallica über Green Day bis Lady Gaga! *So–Do 20–1,*

Die schönste Burg Japans? Einverstanden! Die Himeji-Burg sieht einfach toll aus

Fr/Sa 19–2 Uhr | Shinsaibashi Atrium 3F, 1-8-1 Nishishinsaibashi, Chuo-ku | 中央区西心斎橋1-8-1心斎橋アトリアム 3F

RUND UM OSAKA

13 KOYA-SAN (高野山) ★ ⚑

90 km von Osaka/2 ½ Std. (Zug, Bus)

In dieser Region erlebst du das spirituelle Japan und eine seiner schönsten Unesco-Welterbe-Stätten. Tief in den dicht bewaldeten Bergen von Wakayama liegt der *Kongobu-ji*, der Haupttempel des Shingon-Buddhismus, den Kobo Daishi vor 1200 Jahren nach Japan brachte. Um Japans größten Steingarten *Banryutei* haben sich weitere 100 Tempel angesiedelt. Verpass nicht den riesigen *Okunoin-Friedhof (Mai–Okt. tgl. 8–17, Nov.–April 8.30–16.30 Uhr | Eintritt frei | Bus-Station Okunoin-mae)* mit Kobo Daishis Mausoleum. Übernachte in einem Tempel inklusive vegetarischer Mönchsküche und Morgenmeditation *(eng-shukubo.net). Koyasan World Heritage Ticket 3400 Yen | Seilbahn ab Bhf. Gokurakubashi, dann 10 Min. per Bus | E8*

INSIDER-TIPP
Bei Mönchen schlafen

KOBE

(E8) **Zwischen Meer und Berge geschmiegt, ist Kobe (1,5 Mio. Ew.) eine der landschaftlich am schönsten gelegenen Städte Japans.**

Ihr Hafen war einer der ersten, der für den Handel mit dem Ausland geöffnet wurde – ein Erbe, das noch heute in den ausländischen Siedlungen sichtbar ist. Mit Kobe verbindet man außerdem das verheerende Erdbeben von 1995 – und feinstes Kobe Beef vom Tajima-Rind!

SIGHTSEEING

THE GREAT HANSHIN-AWAJI EARTHQUAKE MEMORIAL MUSEUM (阪神・淡路大震災記念・人と防災未来センター)

Kurz vor sechs Uhr morgens riss 1995 ein Erdbeben der Stärke 7,3 die Menschen in Kobe aus dem Schlaf. Die Bilanz des Bebens und der Feuer danach: über 6400 Tote, 27 000 Verletzte und 45 000 zerstörte Gebäude. Unvergessen sind die Bilder von einer zur Seite gekippten Autobahn auf Stelzen. In diesem Museum erfährst du genau, was damals passiert ist. Englischsprachige Freiwillige geben dir gerne Auskunft. *Okt.–Juni Di–So 9.30–17.30, Juli–Sept. So, Di–Do 9.30–18, Fr/Sa 9.30–19 Uhr | 600 Yen | 1-5-2 Wakinohamakaigandori, Chuo-ku |* 中央区脇浜海岸通*1-5-2 | dri.ne.jp/en | JR-Bhf. Nada | ⏲ 1 ½ Std.*

SHIN-KOBE ROPEWAY (新神戸ロープウェー)

Direkt vom Shinkansen-Bahnhof Shin-Kobe führt die Seilbahn über bewaldete Bergflanken auf die Rokko-Bergkette. Von der Aussichtsplattform hast du einen Megablick über die Stadt, auch und gerade bei Nacht. *Tgl. 9.30–16.45, an den Wochenenden bis 20.15 Uhr | 1800 Yen Hin- und Rückfahrt | JR-Bhf. Shin-Kobe*

ESSEN & TRINKEN

KOBE PLAISIR (神戸プレジール)

Reservier dir einen Platz am Tresen und schau den Köchen dabei zu, wie sie dir aus Kobe Beef ein Teppanyaki-Steak oder andere Köstlichkeiten zubereiten. Fleisch und Gemüse stammen von Bauern aus der Region. Nicht billig *(Kobe-Beef-Menü ab 11 000 Yen)*, aber es lohnt sich! *Di–So 11.30–15, 17–22.30 Uhr | Hotel The b' Kobe 1F, 2-11-5 Shimoyamate-dori |* 央区下山手通*2-11-5*、ホテル ザ・ビー神戸 *1F | kobeplaisir-honten.jp/english | Bhf. Sannomiya | €€€*

RUND UM KOBE

14 BURG HIMEJI (姫路城) ★

90 km von Osaka/45 Min. (Zug)

Die über 400 Jahre alte, strahlend weiße Burg thront majestätisch über Himeji (524 000 Ew.). Sie gilt als schönste Burg Japans, auch wegen ihrer verschachtelten Anlage mit mehr als 80 Gebäuden und Burghöfen, die durch verschlungene Wege miteinander verbunden sind. Vom Turm des sechsstöckigen Hauptgebäudes schaust du über die Stadt und auf fischförmige Dachornamente, die vor Feuer schützen sollen. *Sept.–Juni tgl. 9–17, 23. Juli–28. Aug. 9–18 Uhr | ab 1050 Yen | 68 Honmachi, Himeji-shi, Hyogo-ken |* 兵庫県姫路市本町 *68 | himejicastle.jp/en | JR-Bhf. Himeji | ⏲ 1 ½ Std. |* *🕮 E8*

DER WESTEN

DAS UNBEKANNTE JAPAN ENTDECKEN

Die einzige Stadt in Westjapan, die auch außerhalb Japans einen gewissen Bekanntheitsgrad hat, ist Hiroshima. Die anderen Orte in der Chugoku-Region und auf der Insel Shikoku, der viertgrößten in Japan, sind nur eingefleischten Japan-Reisenden bekannt und oft erklärte Lieblingsziele lange in Japan ansässiger Ausländer.

Denn wer die Region per Fähre, Bus, Bummelzug oder Mietauto erkundet, hat fernab der Touristenströme Tempel, Burgen, Schreine,

Hölzerner Blickfang: das knallrote Tor auf der Schreininsel Miyajima

Gärten und Samurairesidenzen fast für sich allein. Ein Grund: Sie liegen abseits der Shinkansen-Routen. Die etwas aufwendigere Anreise lohnt sich: Die Natur ist abwechslungsreich, von Sanddünen bis zu Kalksteinhöhlen, von Küstenlandschaften in der Seto-Inlandsee bis zu dicht bewaldeten Bergtälern auf Shikoku oder im Hinterland von Okayama und Tottori. Die Menschen sind ungeheuer gastfreundlich und hilfsbereit. Die Ruhe und das Gefühl, noch etwas entdecken zu können, machen den Reiz von Westjapan aus.

DER WESTEN

MARCO POLO HIGHLIGHTS

★ **KORAKU-EN**
Kirsch- und Pflaumenbäume, Reispflanzen und Teebüsche um einen Teich – dieser Garten ist Japan in Klein ➤ S. 104

★ **KURASHIKI**
Jeans „made in Japan" sind in – hier kommen sie her ➤ S. 104

★ **DOGO ONSEN**
Hier kannst du im Geister- und Götterbad entspannen ➤ S. 106

★ **FRIEDENSPARK HIROSHIMA**
Auch der frühere US-Präsident Barack Obama war schon zu Besuch im Friedenspark ➤ S. 106

★ MIYAJIMA
Die Schreininsel mit einem großen roten Tor vor ihrer Küste gehört zu den meistfotografierten Orten Japans ➤ S. 109

★ IZUMO-TAISHA
An diesem „Liebesschrein" helfen dir die Götter bei der Partnersuche ➤ S. 112

★ OMORI
Auf Zeitreise: zu Besuch in einem der schönsten Dörfer Japans ➤ S. 113

★ AKIYOSHIDO-KALKSTEINHÖHLE
Erkunde die größten Kalksteinhöhlen Japans mit ihren unterirdischen Wasserfällen ➤ S. 115

OKAYAMA

(🕮 D8) **Die im 16. Jh. gegründete Burgstadt (720 000 Ew.) ist vor allem für ihren herrlichen Landschaftsgarten Koraku-en bekannt.**
Gourmets genießen in Okayama *kakioko*, herzhafte japanische Pfannkuchen mit Austern *(kaki)*, und zum Dessert lokal angebaute weiße Pfirsiche. Für Modefans ist ein Abstecher zum Geburtsort der Jeans im benachbarten Kurashiki ein Muss. Okayama ist außerdem das Tor zur Insel Shikoku – per Zug, Fähre oder im eigenen Auto.

SIGHTSEEING

BURG OKAYAMA (岡山城)

Ihr dunkles Äußeres hat der Burg den Spitznamen „Krähenburg" verschafft. Nur noch ein Gebäude stammt aus der Gründungszeit, der Rest wurde nach dem Zweiten Weltkrieg rekonstruiert. Innen ist der Betonbau zwar unspektakulär, aber du kannst dort kostenlos Kimonos anprobieren. Am Abend, wenn die Burg hübsch beleuchtet wird, spiegelt sie sich romantisch im Asahi-Fluss. *Tgl. 9–17.30 Uhr, 29.–31. Dez geschl. | 400 Yen, 640 Yen inkl. Koraku-en | 2-3-1 Marunouchi, Kita-ku |* 北区丸の内 *2-3-1 | okayama-castle.jp/home-en | Bus-Station Kencho-mae*

INSIDER-TIPP
Stadt, Burg, Fluss

KORAKU-EN (後楽園) ★ ⚑

Einer der schönsten Gärten Japans wurde schon 1687 angelegt. Dabei hat man sich die benachbarte Burg Okayama als Teil des Panoramas „ausgeliehen". Teiche, Bächlein, Pflaumen-, Kirsch- und Ahornbäume, eine kleine Teeplantage und ein Reisfeld machen den Garten so richtig typisch japanisch. *20. März–Sept. tgl. 7.30–18, Okt.–19. März 8–17 Uhr | 400 Yen, 640 Yen inkl. Burg | 1-5 Korakuen, Kita-ku |* 北区後楽園 *1-5 | okayama-korakuen.jp/section/english | Bus-Station Korakuen-mae*

RUND UM OKAYAMA

1 KURASHIKI ★ (倉敷市)

17 km von Okayama/17 Min. (Zug)

In Kurashiki (470 000 Ew.) wurde zur Edo-Zeit Reis gelagert und verteilt. Nimm dir genug Zeit fürs Bummeln durch das historische Viertel Kurashiki Bikan entlang eines weidengesäumten Kanals. Viele der alten Reislagerhäuser hat man zu Museen, hübschen Boutiquen und Cafés umgebaut. Das *Ohara Museum (Di–So 9–17, Dez.–Feb. 9–15 Uhr | 1500 Yen | 1-1-15 Chuo, Kurashiki-shi, Okayama-ken | ohara.or.jp/en | JR-Bhf. Okayama)* überrascht mit seiner kleinen, feinen Sammlung von Bildern westlicher Künstler wie El Greco, Gauguin, Monet und Matisse.
Das Stadtviertel Kojima, wo erstmals in Japan Denim hergestellt wurde, ist das Mekka für Jeans-Fans aus der ganzen Welt. In der Kojima Jeans Street, einem Gewirr kleiner Gassen, gibt es 40 Shops von japanischen Jeansmarken wie Momotaro, Pure Blue Japan,

Ich mal mal den Kanal: Ein schönes Motiv ist das historische Viertel in Kurashiki

Hiroshi Kato, Oni Denim oder PRPS *(tgl. 10–19 Uhr | 2-711 Kojima-Ajino, Kurashiki-shi).* 🕮 D8

SHIKOKU

(🕮 C9–D8) **Die viertgrößte Hauptinsel zählt zu den am wenigsten erschlossenen Regionen Japans.**
Die aus den Präfekturen Kagawa, Tokushima, Kochi und Ehime bestehende Insel war lange nur per Fähre von der Hauptinsel Honshu erreichbar. Seit die Seto-Ohashi, eine doppelstöckige Brücken-Viadukt-Kombination, 1988 fertig wurde, ist der Zugang einfacher und schneller.
Bekannt ist Shikoku vor allem für *Ohenro* – eine Pilgertour zu 88 Tempeln rund um die im Inneren bergige und bewaldete Insel. Die 1200 km lange Route führt durch die vier Präfekturhauptstädte Tokushima, Kochi, Matsuyama und Takamatsu – leider oft an stark befahrenen Küstenstraßen entlang. Der Pilgerweg geht auf den Mönch Kukai zurück, der im 8. Jh. den Shingon-Buddhismus in Japan einführte. An ihn erinnert die Pilgerkleidung: weiße Weste, konisch zulaufender Hut und hölzerner Stab. Per pedes ist das Motto – aber es werden auch organisierte Touren, teils mit dem Bus, angeboten. Die Teilnahme an religiösen Aktivitäten ist nicht Pflicht.

SEHENSWERTES

TAKAMATSU (高松市)

Die Hafenstadt (412 000 Ew.) in Japans kleinster Präfektur Kagawa ist ein guter Ausgangspunkt für eine Tour zu den Inseln in der Seto-Inlandsee. Im Landschaftsgarten *Ritsurin-koen (tgl. 7–17, im Sommer bis 19 Uhr | 410 Yen, Verleih von deutschsprachigem Audioguide 200 Yen | 11-20-16 Ritsurin-cho, Takamatsu-shi, Kagawa-ken | my-kagawa.jp/en/ritsurin | JR-Bhf. Ritsurinkoen-Kitaguchi | 3 Std.)* wird dich der Blick von einem Hügel über Teiche, Brücken und Pavillons bezaubern. Mach Rast im *Kikugetsu-tei-Teehaus*, und genieß auf der Veranda eine Tasse Tee. *D8*

MATSUYAMA (松山市)

Im Zentrum der Stadt (505 000 Ew.) thront die noch im Original erhaltene Burg Matsuyama auf einem Hügel – mit tollem Blick über die Seto-Inlandsee. Entspannung findest du im beliebten ★ *Dogo Onsen (dogo.jp/en)* am nordöstlichen Stadtrand, eines der ältesten Resorts mit heißen Quellen in Japan. Im 1894 gebauten Hauptbadehaus *Dogo Onsen Honkan (tgl. 6–23 Uhr | 420–690 Yen | 2 Std.)* kannst du in zwei nach Geschlechtern getrennten Bädern, dem Götterbad und dem Geisterbad, alle Viere von dir strecken. Kennst du den Zeichentrickfilm Chihiros Reise ins Zauberland" des Regisseurs Hayao Miyazaki?

INSIDER-TIPP
Keine Angst im Hexenhaus!

Das Labyrinth aus Gängen, Treppen und Räumen voller Gäste und Angestellter soll Miyazaki zum Badehaus der hartherzigen Hexe Yubaba inspiriert haben. Da das Resort noch bis ca. 2025 renoviert wird, sind nicht immer alle Bereiche zugänglich. *Tram-Bhf. Dogo Onsen | K8*

HIROSHIMA

(D8) **An sechs Flussarmen gelegen, war und ist die „Metropole am Wasser" (1,2 Mio. Ew.) ein wichtiger Verkehrsknotenpunkt.**

Rund um die 1599 erbaute Burg entwickelte sich eine lebendige Stadt. Bis zum 6. August 1945. Um 8.15 Uhr warf der amerikanische Bomber „Enola Gay" dort die erste Atombombe der Geschichte ab. Bis zu 140 000 Menschen starben bis Ende des Jahres, Zehntausende davon sofort. Die Überlebenden halten seither mit ihren Berichten die Erinnerung an die Ereignisse wach, die Bürgermeister von Hiroshima setzen sich für die Abschaffung von Atomwaffen ein.

SIGHTSEEING

FRIEDENSPARK HIROSHIMA (平和記念公園) ★

Dort, wo die Atombombe das Herz der Stadt mit einer mächtigen Explosion

WOHIN ZUERST?

Hiroshima ist eine der wenigen Städte in Japan, die ein Tram-Netz besitzen (Hiroshima Dentetsu). Steig also einfach in eine Straßenbahn, um zum Friedenspark zu gelangen. Für die Fahrt zur Insel Miyajima musst du wieder zum Hauptbahnhof zurück. Dort geht es erst weiter mit der JR-Bahn nach Miyajimaguchi (San-yo-Linie), dann auf die Fähre.

Farbenfrohe Botschaft: Origami-Kranichketten im Friedenspark Hiroshima

auslöschte, ist heute ein großer Park. Mehrere Gedenkstätten für die Opfer sowie Relikte aus jener Zeit sind über den am Fluss gelegenen Park verteilt. Die berühmte *Atombombenkuppel (tgl. 24 Std. geöffnet | Eintritt frei | visit hiroshima.net/world_heritage/a_bomb_dome | Tram-Bhf. Genbaku-domu-mae)* zahlt zum Unesco-Welterbe. Obwohl die Atombombe fast direkt über der früheren Industrie- und Handelskammer explodierte, absorbierten die dicken Mauern des Gebäudes die Explosion und blieben stehen; alles darin ging in Flammen auf. Das *Monument für die Opfer der Atombombe* enthält eine Liste der Todesopfer, die stets erweitert wird – mit der Inschrift: „Ruhet in Frieden, denn diesen Fehler werden wir nicht wiederholen". Die *Flamme des Friedens* auf einem Denkmal, das Architekt Kenzo Tange Händen nachempfunden hat, brennt seit 1964. Sie soll erst erlöschen, wenn es keine Atomwaffen mehr gibt. Ein Lotusblumenteich umgibt die *Friedensglocke*: Wenn du sie läutest, ist das ein Zeichen für den Frieden.

Geh auch zum *Kinder-Friedensmonument* für Sadako Sasaki. Laut einer japanischen Legende wird allen, die 1000 Origami-Kraniche falten, von den Göttern ein Wunsch erfüllt – und die an Leukämie erkrankte 12-jährige Sasaki hoffte, auf diese Weise den Krebs zu besiegen. Das Mädchen starb kurz bevor sie das Tausend voll hatte. Im Gedenken an sie lassen seither viele Besucher Ketten mit gefalteten Kranichen am Monument. *Tgl. 24 Std. geöffnet | Eintritt frei | Bus-Station Heiwa-koen-mae*

Rosa Traum mit rotem Tor zu einer anderen Welt, dem Schrein auf der Insel Miyajima

FRIEDENSMUSEUM HIROSHIMA (平和記念資料館)

Zehn Jahre nach dem Abwurf der Atombombe auf Hiroshima eröffnete das vom bekannten japanischen Architekten Kenzo Tange entworfene Friedensmuseum. Simulationen und Relikte wie geschmolzene Flaschen und Münzen bringen dir das apokalyptische Ausmaß der Zerstörung näher. Dazu tragen auch Zeitzeugenberichte bei, die du anschauen und nachlesen kannst. Das Museum klärt eindrücklich über die Folgen der radioaktiven Strahlung auf und setzt sich für die Abschaffung von Atomwaffen ein. *März–Juli und Sept.–Nov. tgl. 8.30–18, Aug. 8.30–19, Dez.–Feb. 8.30–17 Uhr | 200 Yen | 1-2 Nakajima-cho, Naka-ku | 中区中島町1-2 | hpmmuseum.jp/?lang=eng | Bus-Station Heiwa-kinen-koen*

MAZDA-MUSEUM (マツダミュージアム)

Der 1920 gegründete japanische Autohersteller Mazda bleibt seiner Heimatstadt Hiroshima treu. Über 1 Mio. Autos mit Mazda-Logo rollen jährlich vom Band. Im Rahmen einer 90-minütigen Tour siehst du einen Teil der mit 7 km längsten Fertigungslinie der Welt und besuchst ein Museum. *Tgl. ab 10 Uhr, Reservierung online erforderlich, Eintritt frei | mazda.com/en/about/museum | Bhf. Mukainada*

ESSEN & TRINKEN

MICCHAN SOU-HONTEN (みっちゃん 総本店)

Okonomiyaki nach Hiroshima-Art bestehen aus einem dünnen Mehlteig, auf den Zutaten wie Kohl, Frühlingszwiebeln, Sprossen, Schweinefleisch und – anders als in Osaka – Weizennudeln geschichtet werden. Obendrauf kommt eine Schicht Ei mit süßlicher Würzsauce und Seegrasflocken. Klingt eigenwillig, schmeckt aber köstlich – das Soulfood dieser Region! Optional kannst du Austern als Topping bestellen. *Fr–Mi 11.30–14.30 und 17.30–21 Uhr | 1F Churis Hatchobori, 6-7 Hatchobori, Naka-ku | 中区八丁堀6-7 チュリス八丁堀1F | Tram-Bhf. Hatchobori | €*

RUND UM HIROSHIMA

2 MIYAJIMA (宮島) ★

30 km von Hiroshima/1 Std. (Zug und Fähre)

Das Inselchen Miyajima („Schreininsel") ist eines der beliebtesten Reiseziele Japans. Bekannt ist vor allem das große, orangerote *torii*-Tor, das bei Flut über dem Wasser zu schweben scheint. Es ist der Eingang zum 1168 gegründeten Schrein *Itsukushima-jinja (März–14. Okt. tgl. 6.30–18, Jan./Feb. und 15. Okt.–Nov. 6.30–17.30, Dez. 6.30–17 Uhr | ab 300 Yen | Bhf. Miyajima-guchi | ⏲ 30 Min.)*. Aber keine Sorge, zum Schrein kommst du trockenen Fußes auf Uferpfaden. Willst du doch ein bisschen Abkühlung, warte auf die Ebbe: Dann kannst du selbst durch das Tor schreiten.

Bis 23 Uhr ist der Schrein beleuchtet und magisch schön. Pack auf jeden Fall bequeme Schuhe ein, ein Ausflug per Seilbahn zum Berggipfel lohnt sich. Mit Glück siehst du dort auch wilde Affen. Retour geht es entweder mit der Seilbahn oder – wenn du genug Puffer einplanst – über Wanderwege; sie führen an einer bereits seit 1200 Jahren brennenden Flamme vorbei.

INSIDER-TIPP
Schlaf auf der heiligen Insel

Übernachte in einem *ryokan*, dann bleibt für alles genug Zeit, Rehe-Beobachten am Ufer inklusive. *📖 C8*

MATSUE

(📖 D7) **Abseits der Shinkansen-Strecken entdeckst du in der Präfektur Shimane am Japanischen Meer ein Japan abseits der Touristenströme, aber mit tollen Sehenswürdigkeiten, die bekannteren Regionen in nichts nachstehen.**

Shimanes Hauptstadt Matsue (200 000 Ew.) am Ufer des Shinji-ko-Sees ist idealer Ausgangsort für Ausflüge in die Umgebung. Aber auch die relaxte Stadt selbst hat einiges zu bieten, z. B. eine im Original erhaltene Burg und ein hübsches Samuraiviertel. *Matsue Goodwill Guides (Führung kostenlos, Transportkosten müssen selbst getragen werden | Buchung: sgg_mgg_club@yahoo.co.jp)* führen auf Englisch zu Zielen der Region.

SIGHTSEEING

BURG MATSUE (松江城)

Nur ein Dutzend Burgen sind in Japan im Original erhalten, darunter die „schwarze Burg", die wegen ihrer Bauweise aus dunklem Holz so genannt wird. Sie liegt auf einem kleinen Hügel, versteckt hinter dicken Steinmauern. Den Burggraben kannst du mit dem Boot erkunden *(Horikawa Sightseeing Boat | tgl. 9–16 Uhr, alle 20–30 Min. | 50 Min. Fahrt | 1500 Yen, Kinder 6–12 J. 800 Yen | matsue-hori kawameguri.jp/language/en)* und in der Burg u. a. alte Waffen, Samurairüstungen und Musikinstrumente anschauen. Die steilen Holztreppen sind ein gutes Fitnesstraining! Für den Besuch der Burg, der schönen Samurairesidenz nebst netten Handwerksgeschäften etwas nördlich und des Lafcadio-Hearn-Museums direkt daneben gibt es ein Kombiticket. *1100 Yen, Kinder 510 Yen | April–Sept. tgl. 8.30–18, Okt.–März 8.30–17 Uhr | 1-5 Tono-machi | Bus-Station Kokuho-matsue-jo-kenchozen | 1 Std.*

FEST

SOMMERFEUERWERK (松江水郷祭湖上花火大会)

In Japan ist im Sommer Feuerwerksaison. Eines der beeindruckendsten Feuerwerke findet in Matsue statt. Von zwei verschiedenen Punkten abgeschossen, ergeben sich faszinierende Symmetrien am Himmel. Dazu spiegeln sich die „Feuerblumen" *(hanabi)* – so nennt man Feuerwerk auf Japanisch – im See. Die bewundernden Ohs und Ahs der Besucher werden dich anstecken. Drumherum herrscht Volksfestatmosphäre mit vielen Essensbuden und Amateur-Wrestling. *Ende Juli/Anfang Aug. 20–21 Uhr | genauer Termin: visit-matsue.com*

RUND UM MATSUE

3 TOTTORI-SANDDÜNEN (鳥取砂丘)

120 km von Matsue/2 Std. (Zug, Bus)

Kamelreiten über Dünen – in Japan? Das ist keine Fata Morgana, sondern ein typisches Bild in den Tottori-Sanddünen. Es sind nicht die einzigen Dünen Japans, aber die größten: knapp 2 km lang (14 km wurden bewaldet), bis zu 2 km breit und bis zu 90 m hoch. Oben angekommen, spürst du das in den Waden! Die Dünen sind das Ergebnis von Flusssand, der erst ins Meer geschwemmt und von dort durch Strömungen über Tausende Jahre aufgehäuft wurde. Schwimmen geht dort nicht, aber im 3 km entfernten *Tottori-*

Sakyu Beach Resort bei Oasis Plaza. In den Dünen kannst du auch auf Kamelen reiten *(Rakudaya | März–Nov. tgl. 9.30–16, Dez.–Feb. 10–16 Uhr | 1500 Yen | nahe Parkplatz bei Sanddünen).* Oder, noch schräger, du steigst aufs Brett und gleitest beim Sandboarding über die Dünenlandschaft *(Tottori-Sakyu Sandboard School, dreimal tgl. | ab 3500 Yen pro Pers. | nahe Parkplatz bei Sanddünen | sandboard.jp/en).* Im nahe gelegenen *Sand Museum (Mitte März–Dez. So–Fr 9–17, Sa 9–18 Uhr | 800 Yen | sand-museum.jp/en | Bus-Station Sakyu Kita-guchi)* schaffen Künstler jedes Jahr von August bis Dezember neue, sehr detaillierte Sandkunstwerke zu einem bestimmten Thema. *Yuyama, Fukube-cho, Tottori-shi, Tottori-ken |* 鳥取県鳥取市福部町湯山*2164-661 | Bus-Station Tottori Sakyu |* *D7*

4 ADACHI-KUNSTMUSEUM (足立美術館)

23 km von Matsue/45 Min. (Zug, Bus)

Das bekannteste Kunstwerk dieses Museums ändert sein Aussehen je nach Wetter und Jahreszeit: Der edle Garten wird regelmäßig zum schönsten von Japan gekürt. Kiesflächen, Felsen, Teiche und perfekt halbkugelförmig getrimmte Büsche – all das ergibt ein lebendes Gemälde, das großteils nur durch die Museumsfenster betrachtet werden kann. Der Gründer Zenko Adachi, ein Unternehmer, der sich selbst als ein „Wildschwein von einem Mann" bezeichnete, liebte das Feine. Im Hauptgebäude hängen Werke des japanischen Malers Taikan Yokoyama, im Nebengebäude wird Kunst aus dem 20. Jh. ausgestellt. *April–Sept. tgl. 9–17.30, Okt.–März 9–17 Uhr | 2300 Yen | 320 Furukawa-cho, Yasugi-*

Sahara-Feeling in Japan: Auf den Tottori-Sanddünen läufst du kilometerweit

shi, Shimane-ken | 島根県安来市古川町*320* | *adachi-museum.or.jp/en* | *Shuttlebus ab Bhf. Yasugi* | *D7*

5 IZUMO-TAISHA (出雲大社) ★

44 km von Matsue/1 ½ Std. (Zug und Bus)

In Japan ist der Izumo-Taisha als Liebesschrein und „Powerspot" bekannt. Auf kleinen Holztäfelchen kannst du genau angeben, welche Eigenschaften deine neue Liebe haben soll, und die Götter helfen dir (hoffentlich) dabei, sie zu finden! Der Schrein ist einer der ältesten des Landes (Anfang des 8. Jhs. erbaut) und eng mit Japans Gründungsmythos verbunden. Von einem riesigen Holztor am Eingang geht es erst einmal einen kleinen Hügel hinab. Dort teilt sich der Weg. Vermeide die Mitte, denn sie ist angeblich für die Millionen von Shinto-Göttern reserviert, die sich dort einmal im Jahr einfinden. Berühmt sind auch die riesigen Strohseile an den Schreingebäuden, die die göttliche von der Welt der Sterblichen trennen sollen. Bis 1744 wurde der Izumo-Taisha einer Shinto-Tradition folgend regelmäßig neu aufgebaut. Seither beschränkt man sich auf umfassende Renovierungen alle 60 Jahre, die letzte erfolgte von 2008 bis 2013. *Schrein tgl. 6–20, Schatzhalle 8.30–16.30 Uhr* | *Schrein Eintritt frei, Schatzhalle 300 Yen* | *195 Taishacho Kizukihigashi, Izumo-shi, Shimane-ken* | 島根県出雲市大社町杵築東*195* | *izumo-kankou.gr.jp/english/4760* | *Bus vom JR-Bhf. Izumoshi* | *Schrein* ⏲ *1 ½ Std.* | *D7*

Dating-App überflüssig: Am Liebesschrein Izumo-Taisha bestellst du dir den Idealpartner

OMORI

(▯ C7) **Das bislang kaum bekannte 400-Seelen-Dörfchen ★ Omori, das zur Stadt Oda gehört, ist eines der schönsten in ganz Japan.**
Es zählt als Teil der Kulturlandschaft rund um die Silbermine Iwami-Ginzan mit 650 Schächten, Handelsrouten, Befestigungen, Häfen und Siedlungen zum Unesco-Weltkulturerbe. Nicht schlecht für ein Örtchen, das vor 60 Jahren zu verfallen drohte – bis ein Prothesenhersteller am Ort Jobs schuf und Haus für Haus wiederaufbaute. In einem mit Bambus bewachsenen Flusstal findest du heute hübsche traditionelle Häuser aus dunklem Holz mit roten Dächern, gemütliche Cafés, „das kleinste Opernhaus der Welt" und Boutiquen mit Kunsthandwerk. *iwamiginzan.jp*

SIGHTSEEING

IWAMI-GINZAN-SILBERMINE (石見銀山)

Tief in den Bergen von Westjapan wurde 1527 Silber entdeckt. Anfang des 17. Jahrhunderts stammte rund ein Drittel der weltweiten Silberproduktion aus Japan, der Großteil davon aus der Iwami-Mine. In Zahlen ausgedrückt waren dies bis zu 38 Tonnen pro Jahr. Mit der Zeit nahmen die Silbervorkommen ab, 1923 schloss die Mine endgültig. Wo früher bis zu 200 000 Menschen wohnten, wachsen heute dichte Wälder, die stellenweise Ruinen und Grabsteine freigeben. Der für Touristen geöffnete Schacht *Ryugenji Mabu (März–Nov. tgl. 9–17, Dez.–Feb. 9–16 Uhr | 410 Yen | ⏲ 20–30 Min.)* ist nicht so spektakulär, schöner ist der etwa 45-minütige Spaziergang von Omori dorthin. Lass dir alles am besten von einheimischen Führern auf Englisch erklären und zeigen – du entdeckst eine ganz andere Welt *(Buchung: info@iwamiginzan-guide.jp | Tel. 0854 89 07 06).*

INSIDER-TIPP
Erleb die Gegend mit Locals!

RAKAN-JI-TEMPEL (羅漢寺)

Faszinierend lebensecht: 501 Statuen buddhistischer Mönche, gefertigt von einheimischen Künstlern im 18. Jh., sind neben dem Tempel in Steinhöhlen aufgereiht. Sie sollen die Seelen derer, die in der Silbermine starben, besänftigen. In den Statuen kannst du angeblich die Gesichter verstorbener Familienmitglieder wiederentdecken. *Tgl. 9–17 Uhr | Tempel kostenlos, Höhlen 500 Yen | i 804 Omori-cho, Oda-shi, Shimane-ken |* 島根県大田市大森町イ*804 | ⏲ 1 Std.*

ESSEN & TRINKEN

BÄCKEREI-KONDITOREI HIDAKA (ベッカライ・コンディトライ・ヒダカ)

Die Bäckerei wird von einem jungen japanischen Paar geführt, das sein Handwerk in Deutschland gelernt hat. In einem restaurierten traditionellen Haus backen sie z. B. Brezeln und Roggenbrot, sonst eine Seltenheit in Japan. *Do–So 10–16 Uhr | ha 90-1 Omori-cho, Oda-shi, Shimane-ken |* 島根県大田市大森町ハ*90-1*

SHOPPEN

GUNGENDO (群言堂)
Diesen Laden zu verlassen, ohne etwas zu kaufen, ist fast unmöglich. Kleidung, Kunsthandwerk, Lederwaren, Küchenutensilien – hier gibt es wunderbare Stücke, viele aus der Region und handgemacht. Lass dich auch zum Besuch des angeschlossenen Cafés an einem begrünten Innenhof verleiten. *Do–Di 11–17 Uhr | 183 Omori-cho, Oda-shi, Shimane-ken* | 島根県大田市大森町ハ*183*

HAGI

(◫ C8) **Von der Burg, die früher Hagi (42 000 Ew.) dominierte, sind zwar nur noch Ruinen übrig, dafür lohnt sich umso mehr die Erkundung der alten Festungsstadt.**
Fünf Stätten in Hagi – darunter die Burgstadt – zählen zum Unesco-Weltkulturerbe, weil sie Japans industrielle Revolution in der Meiji-Zeit widerspiegeln. Interessant sind die gut erhaltenen Residenzen von Samurai und Kaufleuten, z. B. das *Kikuya-Haus (tgl. 9–17 Uhr | 650 Yen | ⏲ 45 Min.)* aus dem 17. Jahrhundert mit schönem Garten und das 200 Jahre alte *Kubota-Haus (tgl. 9–17 Uhr | 100 Yen)*.

SIGHTSEEING

TOKO-JI-TEMPEL (東光寺)
Das kommt dir chinesisch vor? Mit gutem Grund: Tempel der Obaku-Schule des japanischen Zen-Buddhismus zeichnen chinesische Einflüsse aus, etwa am roten Eingangstor. Auf dem symmetrisch gestalteten Friedhof dahinter liegen Feudalherren des Mori-Clans begraben, die Hagi in der Edo-Zeit regierten. *Tgl. 8.30–17 Uhr | 300 Yen | 1647 Chinto, Hagi-shi, Yamaguchi-ken* | 山口県萩市椿*1647* | *Bus-Station Toko-ji-mae*

SHOPPEN

Hagi ist bekannt für *hagiyaki*-Keramik, die für ihre klaren, feinen Linien, qualitativ hochwertige Teeschalen und weiße, zuckergussartige Glasierungen geschätzt wird. An die 100 Töpfereien sind über die Stadt verteilt. Im *Hagiyaki-Kaikan (tgl. 9–17 Uhr | 3155 Chinto Shinkawa, Higashi-ku, Hagi-shi, Yamaguchi-ken)* hast du eine riesige Auswahl, kannst Keramikern bei der Arbeit zusehen und dich selbst an die Töpferscheibe setzen *(Reservierung erforderlich, auch noch am gleichen Tag möglich: Tel. 0838 25 95 45)*.

RUND UM HAGI

6 TSUWANO (津和野町) ⚑
50 km von Hagi/1 Std. (Auto)
Der Ort (6500 Ew.) gilt als „Kleines Kyoto der San'in-Region". Warum? Das siehst du am besten im pittoresken Tonomachi-Distrikt in der Altstadt, 10 Gehminuten vom Bahnhof entfernt, mit historischen Mauern und Gebäuden an kleinen Kanälen mit Karpfen.

Fast perfekt, es fehlt aber noch eine Kleinigkeit: der Tee in der Tasse

Noch mal 10 Minuten zu Fuß, und du stehst am Aufgang zum *Taikodani Inari-jinja (tgl. rund um die Uhr geöffnet | Eintritt frei)*, einem der fünf wichtigsten Inari-Fuchsschreine. Inari heißt eine Gottheit der Fruchtbarkeit, des Reises und der Füchse, daher gelten Füchse in Japan als heilig. Du erreichst den Schrein durch 1000 orangerote Tore, die den Weg nach oben säumen. Der Schrein sollte die Burg Tsuwano, von der nur noch Steinfundamente stehen, vor bösen Geistern schützen. Heute beten Besucher dort für eine gute Ernte, Wohlstand und Glück. *C8*

7 AKIYOSHIDO-KALKSTEIN-HÖHLE (秋芳洞) ★

29 km von Hagi/1 Std. (Bus)

Begleitet vom Rauschen eines unterirdischen Flusses, erlebst du hier Erdgeschichte zum Anfassen: Akiyoshido ist Japans zweitgrößte Kalksteinhöhle; ein 1 km langes Areal der mehr als 11 km langen Höhle ist für Besucher zugänglich – auf gut ausgeleuchteten und leicht begehbaren Wegen. Besonders eindrucksvoll sind riesige Kalksteinterrassen, in denen sich das Wasser sammelt, außerdem die unterirdischen Wasserfälle.

Die Höhle erstreckt sich unter dem – auf einem Wanderweg erkundbaren – Plateau Akiyoshidai *(Infos zu Aktivitäten: akiyoshidai-park.com)* mit der höchsten Konzentration an Karst-Formationen in Japan. Sie sollen aus einem 300 Mio. Jahre alten Korallenriff entstanden sein. *März–Nov. tgl. 8.30–17.30, Dez.–Feb. bis 16.30 Uhr | 1300 Yen | tgl. zwei Busse von Hagi (ab 1740 Yen), JR-Pass nicht gültig | en.karusuto.com/spot/akiyoshido | 4 Std. inkl. Wanderung | C8*

DER SÜDEN

VULKANE UND TROPEN: JAPANS HEISSE ZONE

In Japans Süden spielt die Natur die Hauptrolle: Das Spektrum reicht von rauchenden Vulkanen wie Aso oder Sakurajima über idyllische Küstenlandschaften bis zu faszinierenden Korallenriffen rund um Amami-Oshima und Okinawa.

Aber auch für Kulturliebhaber wird in der Region, die als Tor zum asiatischen Festland gilt, einiges geboten, darunter Göttertänze. Kyushu besteht aus den Präfekturen Fukuoka, Kumamoto, Nagasaki, Oita, Saga, Kagoshima und Miyazaki, die sich über Hunderte Inseln

Schnorchelspaß bei tropischen Temperaturen: Korallenriff auf Okinawa

vor der Küste erstrecken. Noch weiter südlich liegen die Okinawa-Inseln, Japans subtropisches Badeparadies. Während es auf Kyushu, einer der japanischen Hauptinseln, im Winter durchaus schneien kann, fällt auf Amami-Oshima und den Okinawa-Inseln die Temperatur so gut wie nie unter 15 Grad. Hier bist du richtig, wenn du ein bisschen Kultur und viel Natur und Entspannung suchst. Okinawa fühlt sich noch heute wie ein anderes Land an. Nirgends sind Japaner fröhlicher und aufgeschlossener als im früheren Königreich.

DER SÜDEN

MARCO POLO HIGHLIGHTS

★ ASO
In der Mega-Kaldera des aktiven Vulkans Aso kannst du gut wandern ➤ S. 124

★ TAKACHIHO-SCHLUCHT
Das Naturwunder ist eng mit Japans Mythologie verbunden ➤ S. 125

★ YAKUSHIMA
Natur pur: Strände, uralte Wälder und fast 2000 m hohe Berge ➤ S. 132

★ WHALEWATCHING AUF OKINAWA
Schau dir auf Bootstouren die großen Meeressäuger aus der Nähe an ➤ S. 134

★ GUNKANJIMA
Faszinierende Ruinen auf einer früheren Kohleminen-Insel, die schon James-Bond-Drehort war ➤ S. 129

★ SAKURAJIMA
Rund um einen der aktivsten Vulkane Japans erlebst du Erdgeschichte in Aktion ➤ S. 130

★ ATOMBOMBENMUSEUM NAGASAKI
Lass dich beeindrucken von der hervorragenden Ausstellung: Lern aus der Geschichte, und werd ein Teil der Friedensbewegung ➤ S. 127

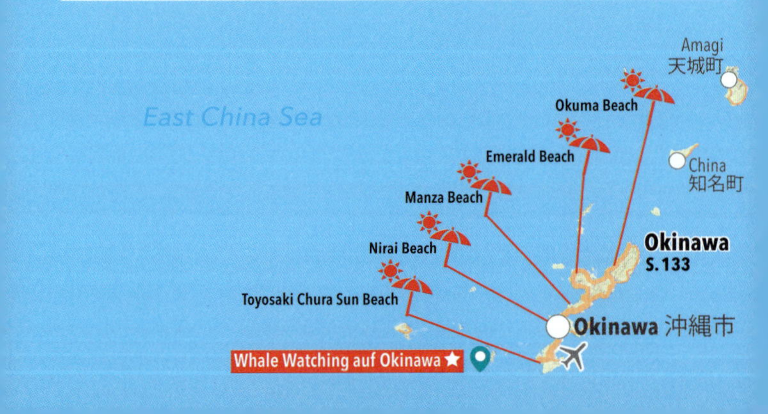

Munakata 宗像市
Fukuoka S. 120
Kitakyushu 北九州市
Matsuyama 松山市
Otoyo 大豊町
Kunisaki 国東市
Ochi 越知町
Kōchi 高知市
Karatsu 唐津市
23 km, 70 Min.
Ikata 伊方町
Saga 佐賀市
Yufuin 1
Beppu S. 122
Nakatosa 中土佐町
Uwajima 宇和島市
2 Kurokawa Onsen
Saiki 佐伯市
Atombombenmuseum
3 Aso
Kuroshio 黒潮町
Tosa-Shimizu 土佐清水市
Nagasaki S. 126
Kumamoto S. 123
4 Takachiho-Schlucht
83 km, 1 Std. 50 Min.
5 Gunkanjima
JAPAN 日本
Yatsushiro 八代市
Kawaminami 川南町
Nagashima 長島町
Ebino えびの市
Kirishima-Kinkowan-Nationalpark 7
Miyazaki 宮崎市
Miyakonojo 都城市
Kagoshima S. 129
6 Sakurajima
Chiran 8
Ibusuki 9
Kanoya 鹿屋市
Minamiosumi 南大隅町
190 km, 40 Min.
Nishinoomote 西之表市
Yakushima S. 132
PACIFIC OCEAN
Tatsugo 龍郷町
Kikai 喜界町
100 km
62.14 mi

FUKUOKA

(🕮 B8) **Fukuoka ist die größte Stadt (1,6 Mio. Ew.) der südjapanischen Hauptinsel Kyushu und besitzt einen der wichtigsten Kreuzfahrthäfen Japans. Sie ist bekannt für ihre Weltoffenheit, Innovation und ihren relaxten Lifestyle.**

Fukuoka liegt nur 40 Flugminuten von Südkorea entfernt. Wegen ihrer Nähe zum asiatischen Festland spielte die Region seit jeher eine Rolle als Tor nach Japan. Im 13. Jh. versuchten die Mongolen dort in Japan einzufallen. Der Legende nach vereitelten „göttliche Winde" *(kamikaze)* die Invasion.

SIGHTSEEING

NANZO-IN (南蔵院)

Das Highlight des Tempels kannst du nicht übersehen: Ungefähr 6 Mann hoch, 20 Mann lang und so schwer wie ein Jumbojet ist die größte liegende Buddha-Bronzestatue Japans. Sie zeigt Buddha kurz vor dem Übergang ins Nirwana. An seiner Hand sind fünf farbige Bänder angebracht, die Gläubige beim Gebet berühren, da sie die Kraft Buddhas übertragen sollen. *Tgl. 10–16.30 Uhr | Eintritt frei | 1035 Sasaguri, Kasuya-gun |* 糟屋郡篠栗町大字篠栗*1035 | Bhf. Kido-Nanzoin-mae*

DAZAIFU TENMAN-GU (太宰府天満宮)

Im Garten des Schreins mit seinen Teichen und Brücken wachsen über 6000 Pflaumenbäume, die im Januar blühen. Er ist Michizane Sugawara gewidmet, im 9. Jh. ein einflussreicher Politiker und Lehrmeister chinesischer Literatur, der posthum zum Schutzgott des Lernens erklärt wurde. Das Hauptgebäude Honden hat man zuletzt 1591 neu aufgebaut.

INSIDER-TIPP **Göttliche Nachhilfe**

Bei deinen Freunden oder Kindern steht demnächst eine wichtige Prüfung an? Bring ihnen vom Schrein ein Amulett mit! *Tgl. 6.30–19, Juni–Aug. bis 19.30, Dez.–März bis 18.30 Uhr | Eintritt frei | 4-7-1 Saifu, Dazaifu-shi |* 太宰府市宰府*4-7-1 | dazaifutenmangu.or.jp/en | Bhf. Dazaifu*

NATIONALMUSEUM KYUSHU (九州国立博物館) ☂

Unweit vom Dazaifu-Schrein steht Japans viertes Nationalmuseum, designt in Form einer großen Welle. Es dokumentiert mit teils kostbaren Exponaten den kulturellen Austausch Japans mit dem asiatischen Festland. Du siehst dort z. B. 3000 Jahre alte Tonfiguren, Geschenke von Gesandten aus China und Korea, Schwerter und feine Teeschalen. Ausgewählte Originalgegenstände darfst du berühren und den Restauratoren bei der Arbeit zusehen. *Di–Do, So 9.30–17, Fr/Sa 9.30–20 Uhr | 700 Yen | 4-7-2 Ishizaka, Dazaifu-shi |* 太宰府市石坂*4-7-2 | kyuhaku.jp/en | Bhf. Dazaifu*

ESSEN & TRINKEN

YATAI (屋台) ⚑

An den beliebten *yatai*-Essensständen hat jeweils gut eine Handvoll Gäste Platz. *Yatai* gibt es in ganz Fukuoka,

Liegender Buddha, kurz vorm Abheben: Der Nanzo-in ist so leicht wie ein Jumbojet

aber besonders viele am Südende der Insel Nakasu am Wasser. Die Gerichte sind einfach, sättigend und günstig, z. B. *yakitori*-Hühnerspieße oder in Sojabrühe Gekochtes *(oden)*. Auch Alkoholisches bekommst du dort. *Tgl. ca. 18–2 Uhr, teils So geschl.* | *Bhf. Nakasu Kawabata* | *€*

HAKATA IPPUDO (博多一風堂)

Alles begann 1985 mit einem Laden in Hakata, nun gibt es Ippudo in über einem Dutzend Ländern. Auf der Speisekarte steht die lokale Spezialität Hakata-Ramen, eine sehr ansehnliche, kräftige Nudelsuppe mit einer Brühe aus stundenlang ausgekochten Schweineknochen, darauf dünne, geröstete Schweinefleischscheiben, Frühlingszwiebeln und andere Toppings. *Tgl. 11–22 Uhr* | *1 13 14 Daimyo, Chuo-ku* | 中央区大名 *1-13-14* | *Bhf. Fukuoka-Tenjin* | *€*

SHOPPEN

CANAL CITY (キャナルシティ博多)

Diese riesige, quietschbunte Einkaufsmeile versteht sich als „Stadt in der Stadt" mit 250 Shops, Cafés und Restaurants, einem Theater, Kinos und Hotels. Halbstündlich kannst du in der Mitte des namengebenden Kanals Wasserspielen mit musikalischer Untermalung zugucken. *Tgl. ca. 10–21 Uhr, je nach Shop, Restaurants 11–23 Uhr* | *1-2 Sumiyoshi, Hakata-ku* | 博多区住吉 *1-2* | *canalcity.co.jp/english* | *15 Min. zu Fuß vom Bhf. Hakata*

FESTE

HAKATA GION YAMAKASA (博多祇園山笠) ⚑

Ein ziemlich feuchter Spaß: In der ersten Julihälfte liefern sich Teams aus sieben Nachbarschaften im Viertel Hakata ein Rennen mit bunt geschmückten Festwagen, die am Boden entlanggeschleift werden. Um die Reibung zu verringern, spritzt man Wasser auf die Straße – und auf die Teilnehmer. Vom 10. bis 14. Juli üben die Teams, in der Nacht zum 15. Juli stellen sie sich ab 1 Uhr am *Kushida-jinja-Schrein (tgl. 4–22 Uhr | Eintritt frei | 1-41 Kamikawabata-machi, Hakata-ku | Bhf. Gion)* auf. Los geht es zum Sonnenaufgang kurz vor 5 Uhr. Wenn du aus einer Quelle mit drei Kranichstatuen drei Schlucke trinkst, werden dir und deinen Lieben angeblich ewige Jugend und Langlebigkeit gewährt.

BEPPU

(🕮 C9) **Überall steigt Dampf auf, und es riecht nach Schwefel: Beppu (114 000 Ew.) ist eins der bekanntesten Resorts mit heißen Quellen in Japan.**

Leider hat die an Hängen um die gleichnamige Bucht gelegene Stadt ihre besten Tage hinter sich. Einen Besuch wert ist sie dennoch: wegen der acht Quellen, aus denen stündlich so viel Thermalwasser aus dem Boden sprudelt wie sonst nirgendwo im ganzen Inselreich.

Heilend und entspannend: ein Bad in den heißen Quellen von Beppu

SIGHTSEEING

JIGOKU (地獄)

Spring hier auf keinen Fall ins Wasser! Es erreicht Temperaturen von bis zu 99 Grad. Die heißen Quellen werden nicht umsonst Höllen genannt. Sehr touristisch aufgemacht, siehst du dort z. B. den roten „Blutteich", die kobaltblaue „Meereshölle" und eine Heißwasserfontäne. *Tgl. 8–17 Uhr | 450 Yen pro Quelle, 2200 Yen für alle | 5 Höllen bei Bus-Station Kannawa, 2 bei Bus-Station Chinoike-Jigokumae*

ESSEN & TRINKEN

JIGOKU-MUSHI-KOBO KANNAWA (地獄蒸し工房鉄輪)

Koch deinen Lunch selbst – auch wenn du gar nicht kochen kannst! Für *Jigoku-Mushi* (in der Hölle gedämpfte Gerichte) packst du einfach alle Zutaten in einen Topf oder Bambuskorb und wartest 10–30 Minuten. Den Rest erledigen Dämpfe, die aus dem Erdinneren kommen. Die Mineralien im Dampf geben einen einzigartigen Geschmack. Eine jahrhundertealte Kochmethode! *Tgl. 10–20 Uhr, außer 3. Mi im Monat | Gebühr für den Dampfofen ab 400 Yen für 15 Min., weitere 10 Min. 200 Yen, Lebensmittel ab 200 Yen | 5 Furonomoto, Beppu-shi, Oita-ken |* 大分県別府市風呂本5組

WELLNESS

TANAYU (棚湯)

Dieses Bad auf dem Dach des relativ modernen *Suginoi Hotels* lebt vom Panoramablick über die Bucht von Beppu. Auf fünf teils überdachten Terrassen sitzst du nach Geschlechtern getrennt nackt im Bad, im benachbarten *Aqua Garden* ist Badekleidung Vorschrift. Tätowierte haben keinen Zutritt. *Tgl. 9–23 Uhr | Mo–Do 1600 Yen, Fr–So 2200 Yen | 1 Kankaiji Beppu-shi, Oita-ken |* 大分県別府市観海寺*1*

RUND UM BEPPU

1 YUFUIN (由布院)

23 km von Beppu/1 Std. 10 Min. (Bus)

Im Hinterland von Beppu geht es ruhiger zu, mit netten Cafés und Läden an der Hauptstraße. Umgeben von Reisfeldern und Bauernhäusern, wacht der Berg Yufu über die vielen *ryokan*-Unterkünfte mit heißen Quellen, z. B. den in einem alten Bauernhaus untergebrachten Ryokan *Tsuka no Ma (444-3 Yufuin-cho, Kawakami, Yufu-shi, Oita-ken | per Taxi 5 Min. vom Zentrum).* *C9*

KUMAMOTO

(B9) **Die alte Festungsstadt (740 000 Ew.) im Zentrum Kyushus liegt an der Shinkansen-Route zwischen Fukuoka und Kagoshima – für Touren zum Vulkan Aso ist sie ein guter Ausgangspunkt.**

Von einem schweren Erdbeben 2016 mit vielen Opfern und zerstörten Häusern hat sich die Stadt inzwischen wieder erholt. Ihr Maskottchen *kumamon*, ein Schwarzbär mit roten Bäckchen, ist das berühmteste Japans und wurde sogar vom deutschen Unternehmen Steiff als Teddy produziert.

SIGHTSEEING

BURG KUMAMOTO (熊本城)

Umgeben von 800 Kirschbäumen, ragt die Burg majestätisch aus einem weitläufigen Park hervor. 1607 gegründet, ist sie mehrfach wiederaufgebaut worden. Beim schweren Erdbeben von 2016 wurde sie beschädigt, der Wiederaufbau soll 20 Jahre dauern. Auf dem Burggelände steht der Palast *Honmaru-Goten (tgl. außer 29.–31. Dez. 9–17 Uhr | 800 Yen | 1-1 Honmaru, Chuo-ku* 中央区本丸 *1-1 | Tram-Station Kumamotojo-mae | ⏲ 1 Std.)*, eine Rekonstruktion des dreimal so großen Originals – edel, mit viel Gold und Malereien verziert. Der Rest der Burganlage kann jederzeit und umsonst besucht werden – allein die Rekonstruktionsarbeiten sind hochinteressant!

SHOPPING

SAKURA-NO-BABA JOSAIEN (桜の馬場 城彩苑)

Gönn dir einen Streifzug durch die Ladenstraße mit lokalen Spezialitäten wie Kabeljaurogen, mit Senf gefüllte Lotuswurzeln und traditionelle Süßigkeiten. Sie liegt am Fuß der Burg in nachempfundener Edo-Zeit-Kulisse – ein bisschen touristisch, aber durchaus geschmackvoll. *Shops tgl. außer 29.–31. Dez. 9–17.30.Uhr, Restaurants 11–19 Uhr | 1-1 Ninomaru, Chuo-ku |* 中央区二の丸 *1-1-1 | sakuranobaba-johsaien.jp/english*

RUND UM KUMAMOTO

2 KUROKAWA ONSEN (黒川温泉)

73 km von Kumamoto/1 Std. 20 Min. (Auto)

Der Quellkurort liegt 20 km nördlich des Aso-Vulkans in einem bewaldeten Flusstal; von den vielen Freiluftbädern *(rotemburo)* hörst du das Rauschen des Wassers. Nach einem Bad kannst du deine Yen leicht in hübschen Läden und Cafés loswerden. Bei der Touristeninformation gibt's einen Pass für vergünstigtes Onsen-Hopping. *kurokawaonsen.or.jp/eng_new* | 🕮 C9

3 ASO (阿蘇山) ★

50 km von Kumamoto/1 Std. 40 Min. (Zug, Bus)

Würdest du gern in einem Vulkankrater leben? Genau das tun viele Bauern im Zentrum von Kyushu. Mit 25 km Durchmesser und über 100 km Umfang ist die Aso-Kaldera eine der größten der Welt. Darin ragt der aktive Vulkankegel *Nakadake (Anfahrt ab Bhf. Aso zur Bus-Station Kusasenri Aso Kazan Hakubutsukan-mae, dann Seilbahn)* auf. Informiere dich vorab: Je nach Gasaustritt kann der Zugang gesperrt sein *(aktuelle Sicherheitshinweise: aso.ne.jp/~volcano/eng/index.html)*. Besuche den Vulkanrand auf keinen Fall, wenn du an Asthma, Bronchitis oder Herzkrankheiten leidest oder dich krank fühlst. Riechst du vulkanisches Gas, press ein nasses Taschentuch auf Mund und Nase und verlass den Kraterrand. Mehrere Wanderrouten *(ab 90 Min.)* führen über das grasbewachsene Kusasenri-Plateau mit Kühen und Pferden zum Berg Eboshi (1337 m) oder zum Kishimadake (1321 m) hinauf. *Kusasenri-gahama, Aso-shi, Kumamoto-ken* | 熊本県阿蘇市草千里ヶ浜) | C9

Wanderung am „Feuermund" vorbei: Dort unten dampft der Aso vor sich hin

4 TAKACHIHO-SCHLUCHT (高千穂峡) ★

78 km von Kumamoto/1 Std. 50 Min. (Auto)

Die enge, von senkrecht aufragenden Basaltsäulen flankierte Klamm am Fluss Gokase ist nicht nur ein Naturwunder, sondern auch eng mit Japans Göttermythen verknüpft. Sie gilt daher als besonderer Kraftort. Du kannst die Schlucht auch von oben einsehen, aber den besten Blick hast du vom Boot aus. Wenn du die Route am Wasserfall Manai-no-taki vorbei nimmst, kannst du dich dort auch im feinen Sprühnebel erfrischen *(Bootsfahrten tgl. 8.30–16.30 Uhr | ab 4100 Yen pro Boot, max. 3 Pers./30 Min.). Tgl. rund um die Uhr geöffnet, im Sommer bis 22 Uhr beleuchtet | Mukoyama, Takachiho-cho, Nishiusuki-gun, Miyazaki-ken | takachiho-kanko.info/en* | 宮崎県西臼杵郡高千穂町向山 | *30 Min. zu Fuß vom Takachiho Bus Center, Busse nur am Wochenende* | C9

INSIDER-TIPP
Eine kleine Dusche gefällig?

1 km entfernt steht der von Zedern umrahmte *Takachiho-jinja-Schrein*. Dort wird jeden Abend zu Ehren der wichtigen Shintogottheit Amaterasu eine Tanz-und-Musik-Performance aufgeführt *(tgl. 20–21 Uhr | 1000 Yen | 1037 Ooaza Mitai, Takachiho-cho, Nishiusuki-gun, Miyazaki-ken | 15 Min. zu Fuß vom Takachiho Bus Center).* Auch ohne Japanischkenntnisse ein großes Vergnügen! *C9*

INSIDER-TIPP
Japans Götter verstehen Spaß

NAGASAKI

(B9) **Eine der attraktivsten Städte Japans (398 000 Ew.) liegt an einer malerischen Bucht. Nagasaki hat internationales Flair und wird gern von Kreuzfahrtschiff-Reisenden besucht.**

Die Hauptstadt der gleichnamigen Präfektur war durch ihre Lage im Südwesten eines der wichtigsten Tore Japans zum Ausland. Dort kamen Mitte des 16. Jhs. auch die ersten christlichen Missionare an. Bald wurden sie und sämtliche Anhänger des Christentums gnadenlos verfolgt. In der Hafengegend findest du noch Hinterlassenschaften der ausländischen Bewohner während und nach der Edo-Zeit wie Kirchen, Parks und Villen. Bekannt ist Nagasaki auch als zweite Stadt der Welt, auf die die USA eine Atombombe abwarfen. Von diesem schrecklichen Ereignis ist heute aber nichts mehr zu sehen oder zu spüren.

WOHIN ZUERST?

Nagasaki hat als eine von wenigen japanischen Städten ein Tram-System. Damit erreichst du gut den Friedenspark und das Atombombenmuseum. Die Tram fährt dich auch in die Hafengegend mit ihren Kirchen, Parks und Villen.

SIGHTSEEING

FRIEDENSPARK (長崎平和公園)

Die Bombe „Fat Man" sollte am 9. August 1945 die Mitsubishi-Werke 2 km entfernt am Hafen treffen, verteilte ihre tödliche Fracht aber weiter nördlich in den Hügeln. Über 70 000 Menschen starben bis Ende 1945. Starte deinen Besuch bei der fast 10 m hohen *Friedensstatue (tgl. rund um die Uhr | Eintritt frei | Matsuyamamachi |* 松山町 *| Tram-Station Heiwakoen),* die einen massigen, sitzenden Mann darstellt. Sein zum Himmel zeigender Arm warnt vor der Bedrohung durch Nuklearwaffen, der zur Seite gestreckte Arm steht für den Wunsch nach Frieden, die leicht geschlossenen Augen wünschen den Opfern Ruhe. Unweit davon markiert der *Bakushinchi-Koen* das Hypozentrum – in Form einer schlichten schwarzen Steinsäule, umgeben von Steinkreisen. Am Rand hat man die Überreste der 500 m vom Hypozentrum entfernten *Urakami-Tenshudo-Kathedrale (tgl. rund um die Uhr | Eintritt frei | Matsuyamamachi |* 松山町 *| Tram-Station Heiwakoen)* erhalten. Sie wurde an ihrem ursprünglichen Standort wiederaufgebaut.

ATOMBOMBENMUSEUM (長崎原爆資料館) ★ ☂

Eine moderne Glaskuppel markiert den Eingang zur hervorragenden Ausstellung mit vielen Überbleibseln der Katastrophe, wie eine Taschenuhr, die um 11.02 Uhr stehen geblieben ist, dem Zeitpunkt, als die Bombe fiel. Geschmolzene Rosenkränze und verbogene Metallteile illustrieren deren unheimliche Zerstörungskraft. Daneben steht die *Gedenkhalle für die Opfer (tgl. 8.30–17.30 Uhr | Eintritt frei)*, eine unterirdische Konstruktion aus zwölf beleuchteten Glassäulen. Ihr Licht symbolisiert die Hoffnung auf Frieden. Überirdisch erstreckt sich dort ein Brunnen, den abends 70 000 Lichter im Gedenken an die Toten erhellen. *Mai–Aug. tgl. 8.30–18.30, Sept.–April 8.30–17.30 Uhr | 200 Yen | 7-8 Hirano-machi |* 平野町*7-8 | Tram-Station Atomic Bomb Museum/Hamaguchi-machi | ⏲ 1 ½–2 Std.*

DEJIMA (出島)

Geschichtsfans kommen hier ganz besonders auf ihre Kosten: Mehr als 200 Jahre lang war die künstlich aufgeschüttete Insel Dejima Japans einziger Kontaktpunkt zu Europa. 1636 errichtet, isolierte man dort erst portugiesische Missionare, später niederländische Händler vom Rest des Landes, um die Ausbreitung des Christentums zu verhindern. Heute kannst du durch wiederaufgebaute Residenzen und Warenhäuser schlendern. Neben Mauern und Toren hat man sogar einen Teil des Wassergrabens darum herum rekonstruiert – abends hübsch beleuchtet. *Tgl. 8–21 Uhr | 520 Yen | 6-1*

Dejima-machi | 出島町*6-1 | nagasakidejima.jp/en | Tram-Station Dejima | ⏲ 1–1 ½ Std.*

OURA-KATHEDRALE (大浦天主堂)

Die 1864 gebaute Basilika ist die älteste existierende katholische Kirche in Japan und zählt zum Unesco-Weltkulturerbe. Errichtet wurde sie von

Glänzende Aussichten: Vom beliebten Dating-Spot Inasa-yama überblickst du Nagasaki

französischen Priestern in Gedenken an 26 Märtyrer, die in der Edo-Zeit hingerichtet wurden. Nimm dir auch Zeit für das Museum über die Christenverfolgung in Japan. Martin Scorsese hat sie in seinem Film „Silence" thematisiert. *Tgl. 8.30–18 Uhr | inkl. Museum 1000 Yen | 5-3 Minamiyamatemachi |* 南山手町*5-3 | Tram-Station Ouratenshudo-shita |* ⏲ *1 ½ Std.*

GLOVER GARDEN (グラバー園)

Im Viertel um den Glover Garden mit Blick über den Hafen wohnten früher westliche Kaufleute, darunter auch der Schotte John Glover, nach dem er benannt wurde. Sein Wohnhaus und mehrere andere Residenzen wurden im Park wiederaufgebaut. Du bist ein Opernfan? Dann spür dort der in Nagasaki angesiedelten Geschichte „Madame Butterfly" und der gleichnamigen Oper von Puccini nach. *Nov.–Mitte Juli tgl. 8–20.30, Mitte Juli–Okt. 8–21.30 Uhr | 620 Yen | 8-1 Minamiyamatemachi |* 南山手町*8-1 | glover-garden.jp/english | Tram-Station Ouratenshudo-shita |* ⏲ *1–1 ½ Std.*

INASA-YAMA-AUSSICHTSPUNKT (稲佐山)

Nagasaki ist stolz auf die nächtliche, im Lichtermeer funkelnde Aussicht vom 333 m hohen Berg Inasa-yama, die zu den drei schönsten Japans gezählt wird. Die Fahrt mit der Seilbahn *Nagasaki Ropeway* dauert nur fünf Minuten. Von oben hast du einen tollen 360-Grad-Rundumblick, bei gutem Wetter sogar bis zu den vorgelagerten Goto-Inseln. *Tgl. 9–22 Uhr, geschl. Mitte Juni, Abfahrt alle 15–20 Min. | ein-*

fach 730 Yen, Rückfahrkarte 1250 Yen | 364 Inasamachi | 稲佐町*364 | Tram-Station Takaramachi*

ESSEN & TRINKEN

SHIKAIRO (四海楼)

Der Urgroßvater des Besitzers kam Ende des 19. Jh. aus Südchina nach Nagasaki. Er wollte ein Gericht servieren, das nahrhaft und gesund war – Ergebnis war *Nagasaki-Champon*, eine deftige Nudelsuppe mit Gemüse, Pilzen, Schweinefleisch und Fischpastete. *Do–Di 11.30–15, 17–21 Uhr | 4-5 Matsugae machi |* 松が枝町*4-5 | Tram-Station Oura-tenshudo-shita | €€*

NAGASAKI DEJIMA WHARF (長崎出島ワーフ)

Mit Blick aufs Wasser: An dem früheren Anlegeplatz hast du die Qual der Wahl zwischen Cafés, Lokalen und Bars von westlich über chinesisch bis japanisch. *Tgl. | 1-1 Dejimamachi |* 出島町*1-1 | dejimawharf.com/en | Tram-Station Dejima*

SHOPPEN

NAKANOYA HATATEN (中の家旗店)

Hier gibt es die halblangen, geschlitzten Vorhänge *(noren)*, die häufig in Japan am Eingang von Shops und Lokalen hängen. Als Mitbringsel taugen auch mit traditionellen Motiven bedruckte Handtücher *(tenugui)*, die gerahmt cool als Wanddeko aussehen. *Mo–Sa 9–18.30, So 10.30–17.30 Uhr | 1-11 Kajiyamachi |* 鍛冶屋町*1-11 | Tram-Bhf. Shiambashi*

RUND UM NAGASAKI

5 GUNKANJIMA (軍艦島) ★

20 km von Nagasaki/3 ½ Std. (Fähre)

Selbst James Bond war hier schon zu Besuch. Naja, fast. Für den Film „Skyfall" (2012) haben die Filmemacher die „Schlachtschiffinsel" andernorts nachgebaut. Seit Ende des 19. Jhs. wurde dort nach Kohle gegraben. Zu den Hochzeiten lebten auf der nur 480 m langen und 160 m breiten Insel über 5000 Personen – weltweit die höchste Bevölkerungsdichte! Seit der Schließung der Mine 1974 verfällt alles nach und nach – und das hat durchaus Flair. Diverse Anbieter bieten Touren an, z. B. *Gunkanjima Concierge (tgl. zwei Touren | ab 5000 Yen |1-60 Tokiwa-cho, Tokiwa Terminal Building No. 102 | gunkanjima-concierge.com | ⏱ 3–4 Std.).* *B9*

KAGOSHIMA

(B10) **Kagoshima (589 000 Ew.) zählt zu den schönsten Städten Japans, vor allem wegen ihrer Lage in der gleichnamigen Bucht, direkt vor der Vulkaninsel Sakurajima und mit der majestätischen Kirishima-Vulkankette im Rücken.**

Japanweit ist die Stadt berühmt für feines *kurobuta*-Schweinefleisch und Süßkartoffeln – letztere werden zu einem beliebten Schnaps namens *imojochu* destilliert.

SIGHTSEEING

SENGAN-EN-GARTEN (仙巌園)

Diesen weitläufigen Garten mit Teichen und Bächen, Bambusbäumen und Kiefern musst du gesehen haben – am besten in bequemen Schuhen. Er ist so angelegt, dass die Silhouette des *Sakurajima*-Vulkans im Hintergrund perfekt zur Geltung kommt. Du findest dort auch Fundamente, Gebäude und Öfen von den Anfängen der Industrialisierung in der Meiji-Zeit, die zum Unesco-Weltkulturerbe zählen. *Tgl. 9–17 Uhr | 1000 Yen | 9700-1 Yoshinocho |* 吉野町*9700-1 | senganen.jp/en | Bus-Station Sengan-en | 2 Std.*

RUND UM KAGOSHIMA

6 SAKURAJIMA (桜島) ★

5 km von Kagoshima/15 Min. (Fähre)

Mehrmals täglich steigen dicke graue Aschewolken in den Himmel, und Steinbrocken fliegen aus den drei über 1000 m hohen Kratern: Sakurajima ist einer der aktivsten Vulkane Japans. Im Umkreis von 2 km ist der Zugang deshalb aus Sicherheitsgründen gesperrt. Trotzdem leben 5000 Menschen auf der Insel. Steig am besten in Touristenbusse, die Sehenswürdigkeiten abklappern. *Fähre ab Kagoshima-Port alle 15–30 Min. rund um die Uhr | einfache Fahrt 200 Yen, Tageskarte Sakurajima 500 Yen, Tageskarte inkl. Kagoshima 1200 Yen |* *B10*

7 KIRISHIMA-KINKOWAN-NATIONALPARK (霧島錦江湾国立公園)

60 km von Kagoshima/1 ¼ Std. (Auto)

Mythologie, Wandern und heiße Quellen – willkommen in einem der schönsten Nationalparks Japans. Die Bergkette besteht aus mehreren Vulkanen. Einen Rundumblick über die faszinierende Mondlandschaft sowie den Süden Kyushus hast du vom Gipfel des 1574 m hohen Takachiho-no-mine. Dafür lohnt der anstrengende Aufstieg über scharfes Vulkangestein *(4–6 Std.)*. Achtung: Selbst am Besucherzentrum Takachiho-kawara gibt es keinen Handyempfang.

INSIDER-TIPP **Gut für die Haut**

Gönn dir danach eine wohlverdiente Pause im Schlamm-Onsen des *ryokan* Sakura-Sakura *(2324-7 Kirishima Taguchi, Kirishima-shi | sakura-sakura.jp/en)*. Und

genieß die friedliche Stimmung am wunderschönen, von Bäumen umgebenen *Kirishima-jingu-Schrein*. B9

8 CHIRAN (知覧)

40 km von Kagoshima/1 Std. 20 Min. (Bus)

Ein Trip in die Kleinstadt verspricht viel Abwechslung: Spazier durch die wunderschönen *Gärten der Samuraihäuser (tgl. 9–17 Uhr | 530 Yen | 13731-1 Chiranchokori, Minamikyushu-shi, Kagoshima-ken | chiran-bukeyashiki.com/pages/10 | Bus-Station Bukeyashiki-Iriguchi | 1 ½–2 Std.)*. Deck dich im Ort mit dem berühmten Chiran-Tee ein: Senchatee der Spitzenklasse, zart und aromatisch. Und lass dich im Museum *Chiran Tokko-Heiwa-Kaikan (tgl. 9–17 Uhr | 500 Yen, engl. Audioguide 200 Yen | 17881 Kori, Chirancho, Minamikyushu-shi, Kagoshima-ken | chiran-tokkou.jp/en | Bus-Station Tokko-Kannon-Iriguchi | 1 ½ Std.)* von den letzten Briefen der Kamikazepiloten an deren Familien berühren. Vom Luftwaffenstützpunkt Chiran brachen sie zu ihren Selbstmordmissionen auf. B10

9 IBUSUKI (指宿温泉)

48 km von Kagoshima/1 ½ Std. (Zug)

Im Sand baden? Klingt schräg, geht aber bei einem Ausflug an die Südspitze der Satsuma-Halbinsel. Im Sandbad *Saraku (tgl. 8.30–20.30 Uhr | 1100 Yen | 5-25-18 Yunohama, Ibusuki-shi, Kagoshima-ken | sa-raku.sakura.ne.jp/en | 20 Min. zu Fuß vom Bhf. Ibusuki)* liegst du direkt am Strand, zum Teil unter schützenden Planen. Du trägst einen *yukata* und wirst bis auf den Kopf mit Sand zugeschüttet. Der Sand wird durch die Vulkanwärme auf 50–55 Grad „geheizt". Das soll die Blutzirkulation verbessern. B10

Sieht klasse aus, ein Sicherheitsabstand zum aktiven Vulkan Sakurajima ist aber ratsam

Die Affenbande komplett? Dann bitte Anstellen zum Lausen am Strand von Yakushima!

YAKUSHIMA

(📖 B10) **Subtropische Strände und alpine Flora und Fauna haben der Insel ★ Yakushima (12 000 Ew.) den Spitznamen „Alpen im Ozean" verschafft.**

Fast 2000 m hohe Berge ragen hier auf, bewachsen mit den ältesten Zedernwäldern Japans. Einem Sprichwort nach regnet es dort „35 Tage pro Monat". Der Wald im Westen der Insel, bewohnt von Affen und Rehen, zählt zum Unesco-Weltnaturerbe. Leih dir am besten ein Auto für die Fahrt um die Insel. Dann kannst du jederzeit einen Fotostopp einlegen. Im Nordwesten legen zwischen Mai und Juli Meeresschildkröten am Sandstrand *Inakahama* ihre Eier ab; die Kleinen schlüpfen zwischen Juli und Oktober. Halt bitte Abstand und verzichte auf Blitzlicht.

INSIDER-TIPP
Das will ich festhalten!

SPORT & SPASS

Feenwald? Zauberwald? Ein tolles Wandergebiet ist der üppig grüne Naturpark *Shiratani Unsuikyo (500 Yen)* auf jeden Fall. Das Tal stand angeblich Modell für den berühmten Ghibli-Anime „Prinzessin Mononoke". Im gut ausgeschilderten, leicht zugänglichen Naturpark stehen jahrtausendealte Zedern; alternativ findest du die großen immergrünen Bäume auch im Naturpark *Yakusugi Land (500 Yen)*. Auf unterschiedlich langen, leicht begehbaren Wegen streifst du durch moosgrüne Wälder. Zwölf Stunden dauert eine Wanderung zur Jomon-sugi-Zeder, die 7000 Jahre auf dem Buckel haben könnte – mach die Tour am besten mit Guide.

SHOPPEN

Mitake Shochu ist einer der besten Süßkartoffelschnäpse Japans. Er wird auf Yakushima destilliert und im Winter mit heißem Wasser verdünnt getrunken. In der Töpferei *Arts & Crafts Studio Shinpachino* stellt der Töpfermeister seit 1972 alles in Handarbeit her *(tgl. 8.30–18.30 Uhr | Wegbeschreibung auf yakushimayaki.com).*

INSIDER-TIPP
Unikate Ton in Ton

OKINAWA

(🕮 0) **Das subtropische Klima macht die rund 160 Inseln, die zu Japans südlichster Präfektur zählen, zum Traumziel aller Strand- und Wassersportliebhaber.**

Okinawa (1,5 Mio. Ew.) gilt als „Insel der Hundertjährigen", weil der Anteil älterer Menschen dank gesunder Ernährung, viel Bewegung und enger sozialer Bindungen hoch ist. Nirgendwo sonst sind Japaner entspannter und unkomplizierter. Beispiel gefällig? Offizielle tragen dort Hawaii-Hemden statt Anzug.

Okinawa war lange ein eigenständiges Königreich, mit eigenen Sprachen und kulturell näher an China. Anfang des 17. Jhs. kam es unter Kontrolle des südjapanischen Satsuma-Clans, 1879 wurde es von Japan annektiert. Nach der Schlacht um Okinawa im Pazifikkrieg blieb Okinawa bis 1972 unter US-Verwaltung. Noch heute sind dort Zehntausende amerikanische Soldaten stationiert; 15 Prozent der Hauptinsel gehören dem Militär.

Bester Ausgangspunkt für deinen Okinawa-Trip ist *Naha* (314 000 Ew.), die Hauptstadt der größten und bevölkerungsreichsten Insel. Gegen Kriegsende fast komplett zerstört, ist Naha heute eine lebhafte, weltoffene Stadt mit Urlaubsfeeling wie auf Hawaii, das auf demselben Breitengrad liegt.

SEHENSWERTES AUF OKINAWA

SHURI-JO (首里城)

Die im 14. Jh. gegründete Burg war eine der schönsten und außergewöhnlichsten Japans. Sie glänzte in Lackrot, war farbenfroh chinesisch geprägt. Bis zum 31. Oktober 2019: Ein Brand zerstörte sechs Hauptgebäude des Unesco-Welterbes und Wahrzeichens von Okinawa. Der Wiederaufbau kann sich über Jahre hinziehen (Updates: *oki-park.jp/shurijo/cn*). Bei Redaktionsschluss war ein kleiner Teil wieder zu besichtigen. *Kostenloser Bereich tgl. 8.30–18, kostenpflichtiger Bereich 9–17.30 Uhr | 400 Yen | 1-2 Kinjo-cho, Shuri, Naha-shi, Okinawa-ken |* 沖縄県那覇市首里金城町*1-2 | Bus-Station Shurijo-koen-iriguchi*

STRÄNDE

Okinawa ist berühmt für seine Strände und die lange Badesaison von April bis Oktober. Vor allem im Juli/August ist die Sonneneinwirkung sehr stark. Da helfen *rash guards* (lange Sonnenschutz-Badekleidung) und Badeschuhe. Und pass auf Strömungen sowie Quallen auf (im Notfall hilft Essig).

In einer 15-minütigen Fahrt erreichst du vom Flughafen Naha den 700 m langen *Toyosaki Chura Sun Beach (5-1 Toyosaki, Tomigusuku)* recht schnell: Dich erwarten weißer Sand, türkisfarbenes Meer, dazu ein hübsches Café und Grillmöglichkeiten. Im Zentrum von Okinawa sind die feinen Sandstrände *Manza Beach (2450 Serakaki, Onna-son)* und *Nirai Beach (600 Gima, Yomitan-son)* beliebt, dort gibt es viele Wassersportangebote. *Emerald Beach (Bise, Motobu-chō, Kunigami)* im Norden ist bekannt für hohe Wasserqualität und Sicherheit. Er liegt gleich beim Okinawa-Churaumi-Aquarium. Und noch ein Traumstrand: Der weißsandige *Okuma Beach (913 Okuma, Kunigami)* ist noch weitgehend naturbelassen und umgeben von den wilden Yanbaru-Wäldern.

WHALE WATCHING ★

Von Ende Dezember bis Anfang April tummeln sich um Okinawa viele Wale – eine geniale Gelegenheit, die Meeresgiganten aus nächster Nähe zu beobachten. Nimm ein Schnellboot *(50 Min.)* oder die Fähre *(120 Min.)* von Naha zur Insel *Zamami-jima* in der Inselgruppe Kerama-shoto. Um 10.30 und 13 Uhr starten dort jeden Tag zweistündige *Touren (6600 Yen, Kinder 6–11 J. 3300 Yen, bis 5 J. kostenlos | Buchung: zwwa.okinawa/englishinfomation).* An Zamamis herrlichen Sandstränden, wie Furuzamami auf der Ostseite und Ama im Süden, kannst du wunderbar relaxen.

OKINAWA-CHURAUMI-AQUARIUM (美ら海水族館)

Das 67 Tanks umfassende Aquarium ist das beste Japans und eines der größten weltweit. Allein schon das *Kuroshio*-Becken, das eine für Japans Klima wichtige warme Meeresströmung imitiert, fasst 7500 Kubikmeter Wasser. HInter der riesigen Panoramascheibe tummeln sich Mantarochen, die weltweit in nur ganz wenigen Aquarien gehalten werden. Spannend sind auch die Tiefseetanks mit leuchtenden Fischen und fies aussehenden Krabben. Außerhalb des Hauptgebäudes gibt es Outdoor-Becken, in denen du Meeresschildkröten, Seekühe und Delfine beobachten kannst. *März–Sept. tgl. 8.30–20, Okt.–Feb. 8.30–18.30 Uhr | 2180 Yen, nach 16 Uhr 1510 Yen, Schüler ab 16 J. 1440 Yen, Schüler bis 15 J. 710 Yen, unter 6 J. Eintritt frei | 424 Ishikawa, Motobu-cho, Kunigami-gun |* 国頭郡本部町石川*424 | Yanbaru Express Bus ab Naha |* *3–4 Std.*

DESTILLERIE ZUISEN SHUZO (瑞泉酒造)

Awamori, der einheimische Schnaps von Okinawa, wird aus einer speziellen Reissorte und Koji-Pilzsporen hergestellt. Laden dich Einheimische zum *Awamori*-Trinken ein, sei gewarnt: Er hat bis zu 60 Prozent Alkohol! Die 1887 gegründete Destillerie liegt nur 10 Min. zu Fuß von der Burg Shuri über Naha entfernt. Nach einer kurzen Tour erklären dir freundliche Angestellte beim Tasting die Unterschiede. *Mo–Fr 9–17.30 Uhr | Tour und Probe kostenlos, kein Kaufzwang | 1-35 Shuri Sakiyamacho, Naha-shi |* 那覇市首里崎山町*1-35 | zuisen.co.jp/english | 30 Min.*

OKINAWA PREFECTURAL PEACE MEMORIAL MUSEUM (沖縄県立平和祈念資料館)

Okinawa ist der einzige Teil von Japan, der eine Invasion erlebt hat. In den letzten drei Monaten des Pazifikkriegs fanden dort 1945 grausame Schlachten statt. Beim „Taifun aus Stahl" starben über 200 000 Bewohner von Okinawa, mehr als die Hälfte davon waren Zivilisten. Diesem traurigen Kapitel der Geschichte widmet sich das direkt am Meer gelegene Museum. Auf schweren schwarzen Steinen sind, unabhängig von ihrer Nationalität, die Namen aller Opfer eingraviert. *Tgl. 9–17 Uhr, 29. Dez.–3. Jan. geschl. | 300 Yen | 614-1 Mabuni, Itoman-shi |* 糸満市字摩文仁*614-1 | peace-museum.okinawa.jp/english | Bus-Station Heiwa-kinendo-iriguchi*

KOKUSAI DORI (国際通り)

An Nahas 1,6 km langer „internationaler Straße", wie ihr Name übersetzt heißt, findest du alles: von Touristenkitsch über hippe Kleidung und Schmuck bis hin zu Kunsthandwerk wie Shisa-Löwen aus Keramik und lokalen Spezialitäten wie Süßkartoffelkuchen. Packt dich der große Hunger, stehen viele Restaurants zur Auswahl, abends auch mit Livemusik.

Urbanes Flair hat Okinawa an Nahas belebter Einkaufsmeile, der Kokusai Dori

ERLEBNIS TOUREN

Lust, die Besonderheiten der Region zu entdecken? Dann sind die Erlebnistouren genau das Richtige für dich! Ganz einfach wird es mit der MARCO POLO Touren-App: Die Tour über den QR-Code aufs Smartphone laden – und auch offline die perfekte Orientierung haben.

1 KUNST UND ARCHITEKTUR AM MEER

- ➤ Installationen und Museen entdecken
- ➤ Den Himmel bewundern und im Badehaus entspannen
- ➤ Meditative und moderne Kunst genießen

Bahnhof Okayama

Bahnhof Okayama

132 km

2 Tage, reine Fahrzeit Schiff ca. 2 Stunden, Fahrrad ca. 1 Stunde

Fürs 4 Chichu Art Museum vorher Online-Tickets unter e-tix.jp/chichu/en für eine bestimmte Uhrzeit kaufen. Das Zimmer im 5 Benesse House solltest du auf jeden Fall frühzeitig buchen!

`Kunst mit Durchblick: Skulptur am Strand von Naoshima

KÜRBIS TRIFFT MARIENKÄFER

Starte vom ❶ Bahnhof Okayama ➤ S. 104 mit der Lokalbahn (JR Uno-Linie) zum Bahnhof Uno und zum Fährterminal. Rund 20 Minuten dauert die Überfahrt zur Insel ★ Naoshima. Schon von Weitem siehst du am Ufer eine riesige Kreuzung aus Kürbis und Marienkäfer – das Markenzeichen der Künstlerin Yayoi Kusama. Das Fährterminal ❷ Miyanoura, bei dem über schmalen Säulen ein weißes Dach zu schweben scheint, hat das preisgekrönte Architektenbüro SANAA designt.

AM STRAND ENTLANG ZUM MUSEUM

Vom Hafen fahren ein- bis zweimal pro Stunde kostenlose Shuttle-Busse zu den Highlights der gerade einmal 8 km² kleinen Insel. Steig an der Haltestelle Nokyomae im Hafen von ❸ Honmura aus. Dort kannst du mehrere Gebäude *(Di–So 10–16.30 Uhr | 1050 Yen für sechs Gebäude, 420 Yen pro Gebäude)* besichtigen, die früher leer standen und fantasievoll von Künstlern umgestaltet wurden. Zum Lunch serviert man dir im Apron Cafe *(tgl. 11–14.30 Uhr | €)* liebevoll dekorierte Gerichte. *Nimm dann den Bus zur Haltestelle Tsutsujiso.* Von dort führt dich ein Fußmarsch an den Stränden entlang zum Chichu Art Museum.

TAG 1

❶ Bahnhof Okayama

39 km 84 Min.

❷ Miyanoura

2 km 2 Min.

❸ Honmura

4 km 45 Min.

④ Chichu Art Museum

2 km 33 Min.

⑤ Benesse House

4 km 3 Min.

KÜHLER BETON, VIEL NATÜRLICHES LICHT

Tadao Ando hat auf Naoshima gleich mehrere Gebäude entworfen. Das berühmteste ist das ④ Chichu Art Museum *(März–Sept. Di–So 10–18, Okt.–Feb. 10–17 Uhr, unregelmäßige Schließtage | 2100 Yen | 3449-1 Naoshima-cho)*. Weite Teile des Bauwerks sind unterirdisch und aus schlichtem Sichtbeton. Viel natürliches Licht bescheint die Kunstwerke. Die Sammlung ist überschaubar, aber eindrucksvoll, mit Werken von Monet und James Turrell. Spannt sich über dessen „Open Sky" wirklich der offene Himmel oder nur eine geschickt beleuchtete Zimmerdecke? Das 45-minütige Nachtprogramm zum Sonnenuntergang lässt dich das Lichtkunstwerk nochmal anders erleben *(Fr/Sa, nach Reservierung unter yoyaku-chichu.jp/e)*.

INSIDER-TIPP
Abendlicht

VON EDEL BIS KITSCHIG

Gönn dir zur Übernachtung das edle ⑤ Benesse House *(364-1 Naoshiima-cho | benesse-artsite.jp/en/art/benessehouse-museum.html | €€€)*, und genieß dort das feine Dinner. Lass den Abend japanisch ausklingen – mit einem Bad im ❻ I Love Yu *(Di–So 13–21 Uhr | 660 Yen)*, einem Badehaus in Miyanoura. Der Künstler Shinro Otake hat sich dort in einer schrägen Mischung aus Kitsch und Kunst verewigt.

❻ I love Yu

MIT DEM E-BIKE ÜBER DIE INSEL

TAG 2

Am nächsten Morgen *steigst du in die Fähre* nach Teshima. Am Fährterminal mietest du dir ein E-Bike *(ab 1000 Yen)* und bekommst eine Karte mit allen Open-Air-Kunstinstallationen und Distanzen. Linksverkehr beachten! Die bekannteste Attraktion ist weiß und ufoartig: Im ❼ Teshima Art Museum *(März–Okt. Mi–Mo 10–17, Nov. 10–16, Dez.–Feb. Fr–Mo 10–16 Uhr | 1570 Yen | 607 Karato, Teshima | benesse-artsite.jp/en/art/teshima-artmuseum.html)* ist das Museum selbst das Kunstwerk. Aus dessen „Poren" am Boden dringt Wasser, als wäre es ein lebender Organismus.

19 km 51 Min.

❼ Teshima Art Museum

1 km 10 Min.

HÖR DEINE HERZTÖNE!

❽ Karato

In ❽ Karato im Nordosten der Insel legst du im urighippen Lokal Shima Kitchen *(Sa–Mo 11–16 Uhr | €€)* eine Verschnaufpause ein. Weiter geht die Fahrt an ei-

Schau mal vom Teller hoch! Der Blick vom Benesse House ist einfach umwerfend

8 km 37 Min.

9 Teshima Yokoo House

53 km 58 Min.

1 Bahnhof Okayama

nen Strand am Rand von Karato zu einem Häuschen namens Les Archives du Cœur *(Fr–Mo 10–16 Uhr | 520 Yen)*. Dort kannst du dir Herztöne von anderen Besuchern anhören und deine eigenen aufnehmen.

UND NOCH EIN MUSEUM

Verlass die Insel auf keinen Fall, ohne zum Schluss am Hafen von Ieura noch im 9 Teshima Yokoo House *(März–Okt. Mi–Mo 10–17, Nov. 10–16, Dez.–Feb. Fr–Mo 10–16 Uhr | 520 Yen | benesse-artsite.jp/en/art/teshima-yokoohouse.html)* vorbeizuschauen. Dort erlebst du moderne Malerei und spannende Neuinterpretationen traditioneller Motive, zum Beispiel einen Steingarten mit leuchtend rot angemalten Steinen. Mit der Fähre geht es wieder Richtung Uno und zurück zum 1 Bahnhof Okayama.

2 RUNDUM-HAPPY-AMAKUSA-INSELTOUR

- **Natur pur: einsame Sandstrände, Wattwandern, wilde Delfine**
- **In Japans Geschichte eintauchen: „versteckte Christen" und Samurai**
- **Kreatives kaufen und selbst die Töpferscheibe kreisen lassen**

Kumamoto

Izumi

248 km

4 Tage, reine Fahrzeit ca. 5 Stunden

5 Sakitsu: Um die Kirche zu besuchen, ist eine Reservierung nötig, die du online unter *short.travel/jap7* durchführen kannst.

TAG 1

1 Kumamoto

27 km 45 Min.

2 Okoshiki Kaigan

VOM HÖHLENBAD ZUM FESTMAHL

Auf den Amakusa-Inseln kannst du fernab typischer Touristenziele noch richtig auf Entdeckungstour gehen. Nimm in 1 Kumamoto ➤ S. 123 *gegen Mittag einen Mietwagen. Eine Dreiviertelstunde dauert die Fahrt bis zum Strand* 2 Okoshiki Kaigan in der Nähe des Bahn-

hofs Oda. Die Ebbe legt dort ein wunderschönes Wellenmuster frei. Ein herrlicher Ort zum Wattwandern und Fotografieren! Nur 30 Autominuten entfernt liegt auf der Insel Oyano-jima dein Ziel für den Abend: das *ryokan*-Hotel ❸ Yurakutei *(Yurakutei, 5190-2, Oyanomachikami Yumigahama, Kamiamakusa | yurakutei.jp/en | €€)* in Yumigahama Onsen. Lass lieber den Nachmittagssnack ausfallen und nimm dir die Zeit, vor dem Essen die Bäder in der seit drei Generationen familiengeführten Unterkunft zu inspizieren, vor allem das einzigartige „Höhlenbad", das die Besitzer selbst in den Stein gehauen haben. Im *yukata*-Baumwollkimono geht's danach aufs großzügige Zimmer zum Dinner – ein richtiges Festmahl, bei dem jeder Gang leckerer ist als der vorherige!

22 km 30 Min.

❸ Yurakutei

4 km 3 Min.

EIN TODESMUTIGER REBELL

Nach dem Frühstück brichst du auf zum ❹ Amakusa Shiro Museum *(tgl. 9–17 Uhr, 2. Mi im Jan./Juni geschl. | 600 Yen | 977-1 Oyanomachinaka, Kamiamakusa-shi)*. Dort erfährst du, warum ein 16-Jähriger im

TAG 2

❹ Amakusa Shiro Museum

35 km 40 Min.

5 Amakusa

26 km 18 Min.

TAG 3

6 Itsuwamachi

17. Jh. einen christlichen Aufstand gegen die Militärherrscher angeführt hat – mit dramatischem Ausgang, 37 000 Rebellen verloren ihr Leben. 300 Originalgegenstände bringen dir das Los der von der Todesstrafe bedrohten japanischen Christen nahe.

HIER GIBST DU DEN TON AN

Dein nächstes Ziel ist die Töpferstadt 5 **Amakusa** auf der dritten Insel **Shimoshima**. Bei den meisten Töpfereien kannst du selbst an den Ton *(amakusatoujiki.com)*. Bei **Maruoyaki-Kamamoto** *(tgl. 10–17 Uhr | 3-10 Kitaharamachi | €)* im Zentrum hast du eine große Auswahl an hellen und dunklen Tonstücken, nicht zu fein, nicht zu grob. Bist du früh genug dran, kannst du von 11.30 bis 14 Uhr im **Yamanokuchi-Shokudo** *(1755-3 Hondo-machi)* zu Mittag essen – auf dazu abgestimmter Keramik aus der Töpferei und Galerie daneben.

(KÖRPER-)KULTUR

Geschichtsinteressierte erfahren im gut gemachten **Amakusa Christian Museum** *(tgl. 8.30–17 Uhr | 300 Yen | 19-52 Fune-no-o-machi)* mehr über die „versteckten Christen", die Regisseur Martin Scorsese in seinem Film „Silence" (2016) porträtierte. Den Tag ausklingen lassen kannst du im Winter im Bad **Perola-no-Yubune** *(tgl. 6–8.30, 13–22 Uhr | Erw. 700 Yen, Kinder 350 Yen | 996 Hirose, Hondo-machi)* mit Ozeanblick, im Sommer am Strand **Hondo Beach**. Das zum Bad gehörige Hotel **Alegria Gardens Amakusa** *(hotel-alegria.jp/en/spa)* liegt direkt zwischen Bad und Strand.

DELFINE BEOBACHTEN UND BURGBLICK GENIESSEN

Am nächsten Tag steuerst du die Nordküste an. Von 6 **Itsuwamachi** geht's zum Delfinschauen vom Boot aus *(Abfahrtszeiten 10, 11.30, 13, 14.30, 16 Uhr, Dauer 1 Std. | Erw. 3000 Yen, Kinder 6–12 J. 2000 Yen, 2–5 J. 1000 Yen | Reservierung Tel. 0969 32 17 71, tgl. rund um die Uhr)*. Rund 200 wilde, neugierige Delfine leben in diesen Gewässern. *Folge danach der Küstenstraße bis zur Abzweigung zur* **Burg von Tomioka** *(Do–Di 9–16.45 Uhr | Eintritt frei | 2245-15 Honmaru,*

Ein Delfin, ein Delfin! Auf Bootstouren hast du gute Chancen, welche zu entdecken

Tomioka). Von der Burg kannst du einen tollen Rundumblick genießen. Wenn du hungrig wirst, findest du in ❼ Tomioka mehrere Lokale. *Biege dann der Westküste folgend gen Süden Richtung Sakitsu ab, zunächst auf der Hauptstraße.* 80 Prozent von Japans „weißem Gold" (Porzellanerde) stammt aus Amakusa. Das hat viele Porzellanhersteller angelockt. Bei ❽ Takahamayaki Juhogama *(tgl. 8.30–17 Uhr | 598 Takahama-minami)* findest du schönes Geschirr.

20 km 14 Min.

❼ Tomioka

20 km 13 Min.

❽ Takahamayaki Juhogama

FISCHERDORF UND WASSERBETT

Bieg auf die Sunset Line ab. Sie führt um hübsche Buchten und Strände am Wasser entlang zum Fischerdorf ❾ Sakitsu. Der Ort und seine christliche Tradition sind Unesco-Weltkulturerbe. Die 1569 gegründete katholische Sakitsu-Kirche *(tgl. 9–17 Uhr | Eintritt frei | 539 Sakitsu, Kawaura-machi)* war das Zentrum des Christentums auf Amakusa. Nimm dir Zeit für einen kleinen Spaziergang durch das hübsche Viertel. Übernachten kannst du auf dem Wasser, in den Kawaura Kaijo Cottages *(amuri-onsen.jp)* mit eigener Grillstelle.

10 km 7 Min.

❾ Sakitsu

12 km 33 Min.

TAG 4

⑩ Mogushi Beach

31 km 19 Min.

⑪ Kuranomoto

40 km 50 Min.

⑫ Izumi

MEERESSCHILDKRÖTEN AM EINSAMEN STRAND

Steuer am nächsten Tag die Stadt Ushibuka-machi an. Westlich davon liegt der idyllische ⑩ Mogushi Beach: Schwarzes Vulkangestein am Ufer kontrastiert mit dem hellen, feinen Sand. Im Mai und Juni legen Meeresschildkröten dort ihre Eier ab.

IM KIMONO ZUR TEEZEREMONIE

Genieß das tolle Panorama auf der *Fährfahrt von Ushibuka nach* ⑪ Kuranomoto auf der Insel Nagashima, danach geht es eine knappe Autostunde *weiter in die Samuraistadt* ⑫ Izumi. Stärk dich zuerst mit handgemachten *soba*-Buchweizennudeln bei Gushoan *(Di–So ab 11 Uhr solange Vorrat reicht | 10-33 Fumoto-cho, Izumi-shi, Kagoshima-ken | €)* in einem traditionellen Haus mit Garten. Von den 150 Häusern aus der Edo-Zeit sind mehrere Samurairesidenzen geöffnet, wie Takemiya und Takezoetei. Dort hilft man dir, Samurairüstungen

Auf Entdeckertour: Fünf Brücken verbinden das Festland mit den Amakusa-Inseln

anzuprobieren. Nach Vorbuchung *(mind. 10 Tage im Voraus, 10 000 Yen Frauen, ab 6000 Yen Männer | izumi-navi.jp/en/inquiry_kimonos/entry)*

INSIDER-TIPP
Pack den Kimono ein!

kannst du dir einen Kimono oder *yukata* aussuchen, damit durchs Viertel spazieren und ihn bei einer Teezeremonie tragen. Das Beste: Frauen dürfen ihren Kimono samt Gürtel behalten!

3 WANDERN AUF DEM MICHINOKU COASTAL TRAIL

- **Mit dem Boot an der Sanriku-Küste entlangschippern**
- **Fischadler beobachten: an Klippen und kiefernbewachsenen Felsen**
- **Buchenwälder, Badestopps und herrliche Aussichten**

Start: Bahnhof Fudai

Ziel: Park Hotel Yodogahama

Strecke: 90 km (27 km zu Fuß, 63 km per Boot/Bahn)

Dauer: 3 Tage, reine Gehzeit ca. 7 Stunden

Besorg dir vor dem Loslaufen unbedingt englische Karten im Internet *(tohoku.env.go.jp/mct/english)*, und nimm eine Taschenlampe mit. Eingeschränkter Mobiltelefonempfang!

Spürst du ein Erdbeben, such sofort höher gelegene Gebiete auf – Tsunamigefahr!

Trag ein Glöckchen am Rucksack oder spiel Musik, falls dir Bären begegnen. Angriffe sind sehr selten, sie nehmen gegen Herbst aber zu.

Manche Teile des Küstenpfads sind bei Flut nicht passierbar, Umwege sind ausgeschrieben.

SCHUTZWALL VOR DER GROSSEN WELLE

Starte am 1 **Bahnhof Fudai** auf der Kita-Rias-Linie der Sanriku-Tetsudo-Bahn. *Wende dich nach Nordwesten, und geh unter der Bahntrasse zum* 2 **Fudai-Suimon**, einem Wehr. Es hat 2011 die Anwohner vor dem Tsu-

TAG 1
1 Bahnhof Fudai
2 km 35 Min.
2 Fudai-Suimon

0,5 km 8 Min.

❸ Strand von Fudai

1,3 km 16 Min.

❹ Otanabe-bochotei-Deich

1,5 km 29 Min.

❺ Nedari Nature Trail

2,6 km 35 Min.

❻ Kurosaki

0,6 km 11 Min.

❼ Kokumin Shukusha Kurosakiso

0,2 km 7 Min.

TAG 2

❽ Anmoura

4,8 km 1 Std. 2 Min.

❾ Kitayamazaki

9,1 km 2 Std. 13 Min.

❿ Tanohata-mura

3,7 km 58 Min.

TAG 3

⓫ Shimanokoshi

7 km 50 Min.

⓬ Kitayamazaki-Klippen

nami gerettet – einem sturen Bürgermeister sei Dank, der den Bau für 3,5 Mrd. Yen (28 Mio. Euro) durchsetzte. An einer blauen Linie siehst du, bis wohin der Tsunami reichte – 23,6 m über dem Meer.

SPRING IN DIE FLUTEN

Richtung Meer ist am ❸ Strand von Fudai ein Rastplatz mit dem Imbiss Kiraumi *(tgl. 10–17 Uhr)* eingerichtet worden. Duschen sind für den Badestopp im Sommer in der Nähe. *Folg dem Wanderweg an der Küste entlang,* am ❹ Otanabe-bochotei-Deich vorbei. Schau mal nach oben – siehst du das rote Tor zum kleinen Schrein? Er war ein guter Zufluchtsort vor der großen Welle von 2011.

STEILE KLIPPEN UND EINE TOLLE AUSSICHT

Bald erreichst du den ❺ Nedari Nature Trail, eines der schönsten Teilstücke mit gefalteten Felsformationen und steilen, kiefernbewachsenen Klippen. Von einer kleinen Bucht *geht es auf bemoosten Treppen und Pfaden zum Aussichtspunkt* ❻ Kurosaki. Der Blick über die Küste ist grandios! Achtung: In dieser Ecke tauchen immer mal Bären auf. 600 m weiter bietet die Unterkunft ❼ Kokumin Shukusha Kurosakiso *(84-4 Shimomura, Dainichiwari, Fudai-mura | Tel. 0194 35 26 11 | €)* japanische Zimmer und leckere lokale Spezialitäten.

... UND NOCH MEHR PANORAMABLICKE

Am nächsten Morgen geht's nach einem Fotostopp am ❽ Anmoura-Aussichtspunkt zum gleichnamigen Wasserfall und oberhalb der Küste bis zum Aussichtspunkt ❾ Kitayamazaki, 200 m über dem Meer. Er ist ein Highlight im Sanriku-Fukko-Nationalpark ➤ S. 51. Dort ist auch die perfekte Zeit für einen Boxen- und Lunch-Stopp im Kitayamazaki Resthouse *(März–Nov. tgl. 8.30–16 Uhr | €)*. Wie wär's mit *ramen*-Nudeln mit Meeresfrüchten zum Mittagessen?

VON BIRKENWÄLDERN IN DIE UNTERWELT

Weiter führt der Weg durch Buchenwälder, zum Teil unter den Klippen entlang und durch unbeleuchtete, handgeklopfte Tunnel. Dein Ziel ist die Ortschaft ❿ Tanohata-mura. Direkt am Wasser siehst du schon das Hotel Ragaso *(60-1 Raga, Tanohata-mura, Shimohei-gun | €€)*. Von den geräumigen Tatami-Zimmern hast du einen fantastischen Blick übers Meer. Das Essen ist reichlich und köstlich, mit viel frischem Seafood.

50 km 1 Std. 34 Min.

⑬ Miyako

5,7 km 6 Min.

⑭ Kankyosho Jodogahama Visitor Center

0,9 km 18 Min.

⑮ Park Hotel Jodogahama

BOOTSTOUR ZU DEN KLIPPEN

Nach einem großzügigen japanischen Frühstück *folgst du dem Wanderweg zum Hafen* von ⑪ Shimanokoshi. Zwischen Ende April und Anfang November verkehren von dort Sightseeingboote *(1500 Yen)* mindestens viermal pro Tag zu den etwa 7 km entfernten ⑫ Kitayamazaki-Klippen. Über dir kreisen Fischadler, unter dem Boot spürst du die Kraft der Wellen.

IDYLLISCHE KÜSTENWEGE AM TRAUMSTRAND

Vom Hafen ist es nicht weit zum Bahnhof Shimanokoshi. Die Bahn braucht ca. 45 Minuten nach ⑬ Miyako. Busse verkehren von dort aus regelmäßig zum ⑭ Kankyosho Jodogahama Visitor Center *(tgl. 9–17 Uhr | 32-69 Hitachihama-cho | jodogahama-vc.jp)* mit einer gut gemachten Ausstellung über die Region. Danach führen dich Stege und Wanderwege an einem malerischen Küstenabschnitt entlang – vorbei an zerklüfteten Felsen, bewachsen von Kiefern. Im Sommer kannst du dort baden und Bootstouren unternehmen. Zu deiner Unterkunft ist es dann nicht mehr weit. Im ⑮ Park Hotel Jodogahama *(32-32-4 Hitachihama-cho | jodo-ph.jp/eng | €€€)* oberhalb des Strands kannst du zum krönenden Abschluss deiner Wanderung am Büfett voll zuschlagen. Experimentierfreudig? Dann probier doch mal die lokale Spezialität *kegani* (haarige Krabbe).

GUT ZU WISSEN

DIE BASICS FÜR DEINEN URLAUB

ANKOMMEN

ANREISE

Weil Russland und die Ukraine derzeit nicht überflogen werden dürfen, beträgt die Flugzeit etwa 15 Stunden, mit Umsteigen mindestens 18 Stunden. In Tokio ist der stadtnahe Flughafen Haneda *(tokyo-haneda.com/en)* praktisch. Taxis bringen dich zum Festpreis von rund 60 Euro in die Innenstadt, mit der Bahn oder dem Bus zahlst du ca. 6 Euro. Für ein Festpreistaxi vom zweiten Flughafen Narita *(narita-airport.jp/en)* musst du etwa 200 Euro berappen! Alternativen von Narita sind die Bahn (ab 7 Euro) oder Flughafenbusse (ab 7 Euro). Rund eine Stunde braucht der Bus zum Bahnhof Tokio, zu größeren Hotels ist er ca. 90 Minuten unterwegs *(Infos und Buchung: webservice.limousinebus.co.jp/web/en)*.

Adapter Typ A

In Japan beträgt die Netzspannung nur 100–110 Volt (Deutschland 230 Volt). Ladegeräte für Kameras, Laptops und Smartphones sind zwar meist für 100 Volt geeignet, aber du brauchst einen Adapter für Stecker mit zwei unpolarisierten Pins (SE zu A) – günstig erhältlich in Japan.

AM FLUGHAFEN

Versorg dich mit Bargeld, bevor du den Flughafen verlässt, bei Banken ist es kompliziert und zeitintensiv. Tausch dort auch gleich deinen Gutschein für den Japan Rail Pass ein. Am Flughafen kannst du außerdem leicht SIM-Karten, Mobiltelefone oder WLAN-Router ausleihen.

Günstig, praktisch, pünktlich: Japans bestes Transportmittel ist die Bahn

EINREISEBESTIMMUNGEN

Deutsche, Österreicher und Schweizer benötigen einen für die Reisedauer gültigen Reisepass, den sie jederzeit mit sich führen müssen. Sie erhalten bei Ankunft ein dreimonatiges Touristenvisum. Manche Airlines verlangen, dass der Reisepass nach Rückkehr noch mindestens sechs Monate gültig ist.

+ 7 bzw. + 8 Stunden Zeitverschiebung

Japan ist in der europäischen Sommerzeit der Mitteleuropäischen Zeit 7 Stunden voraus, im Winter sind es sogar 8 Stunden.

KLIMA & REISEZEIT

Die Temperaturunterschiede innerhalb von Japan sind groß: von durchschnittlich 9,5 Grad im Norden Japans auf Hokkaido über 16,5 Grad in Tokio bis 23,5 Grad im Süden in Okinawa. Japan ist zu jeder Zeit schön, für eine Reise durch das ganze Land sind aber Frühjahr (Kirschblüte!) und Herbst (Laubfärbung!) am besten geeignet. Japans Mitte inklusive Tokio und Osaka sollte man von Juni bis August besser meiden, denn dann ist es erst nass und dann sehr heiß und schwül. Der Winter ist sonnig, trocken und mild auf der Ostseite, kalt und verschnelt an der Japanischen See. Auf Okinawa kannst du von Mai bis Oktober baden, im Rest des Landes ist von Juli bis August Badesaison. Ganz Japan macht in der ersten Maiwoche (Golden Week), der zweiten Augustwoche (O-bon) und um Neujahr Urlaub – dann bleibst du besser zu Hause. Überall herrscht Gedränge, vieles ist Monate im Voraus ausgebucht und die Preise steigen gewaltig.

INSIDER-TIPP **Stoßzeiten vermeiden**

ZOLL
Frische Lebensmittel wie Obst, Gemüse, Wurst und Fleisch solltest du lieber zu Hause lassen, sonst gibt's Ärger am Flughafen in Japan. Bei der Wiedereinreise in EU-Länder gelten folgende Freimengen: 200 Zigaretten, 1 Liter Spirituosen bis 22 Vol.-% , 2 Liter unter 22 Vol.-% (dazu zählt Sake), 4 Liter Wein, Waren und Geschenke bis 430 Euro (Schweiz: 300 CHF). Wertvolle Kulturgüter und Antiquitäten bedürfen einer Genehmigung.

WEITER-KOMMEN

MIETWAGEN
In Japan herrscht Linksverkehr! Deutsche und schweizerische Führerscheine sind in Japan gültig – aber nur mit beglaubigter Übersetzung und Reisepass. Die Übersetzung kann man online bei der *Japan Automobile Federation (JAF, english.jaf.or.jp)* beantragen. Österreicher benötigen einen Internationalen Führerschein – der muss zu Hause vom *ÖAMTC (oeamtc.at)* erstellt werden. Ein Wagen mit englischsprachigem Navigationssystem (vorher reservieren!) kostet pro Tag 40–60 Euro mit Versicherung. Verkehrsregeln: In Orten sind Geschwindigkeiten zwischen 30 und 50 km/h gestattet, auf Überlandstraßen 60–80 km/h, auf Autobahnen 80–100 km/h. Am Steuer sind maximal 0,3 Promille Alkohol erlaubt. Die Nutzung von Mobiltelefonen am Steuer ist streng verboten.

TAXI
In Tokio fallen für den ersten Kilometer 3,30 Euro (410 Yen) an, danach 1,90 Euro pro 237 m. Von 22 Uhr bis 5 Uhr werden Zuschläge von 20 Prozent erhoben. In Stadtzentren sind viele Taxis unterwegs, die du heranwinkst – am besten auf der Fahrbahnseite in Richtung deiner Destination. Siehst du ein rotes Schriftzeichen an der Frontscheibe, ist das Taxi „frei". Uber ist in Japan nicht aktiv – probier stattdessen z. B. die App JapanTaxi.

INLANDSFLÜGE
Für Touristen gibt es viele günstige Angebote und Discountpässe bei den größten Fluglinien JAL und ANA – meist musst du sie vor Abreise in der Heimat buchen. Die größten Billigfluglinien sind Jetstar Japan, Peach Aviation und Skymark Airlines. Frühmorgens und spätabends sind Flüge um bis zu 20 Prozent günstiger.

FÄHREN
Reise langsam: Von Tokio aus bist du per Fähre über Nacht auf den Izu-Inseln – mitten in der Natur. Discounttickets sind bis zu 30 Prozent günstiger. Auch in der Seto-Inlandsee ist oft die Fähre das Verkehrsmittel der Wahl.

BAHN
Die Bahn ist in Japan das beste Transportmittel – günstig, praktisch, pünktlic, mit einem dichten Netz.

INSIDER-TIPP
Bleib treu!

Je öfter du das Transportunternehmen wechselst, z. B. in Tokio von Japan Rail (JR) auf Metro oder Toei-Metro, desto teurer. Willst

FESTE & EVENTS
RUND UMS JAHR

JANUAR
O-shogatsu (japanweit): Neujahrsfestival an Schreinen und Tempeln

FEBRUAR
Schneefestival (Sapporo), S. 45

FEBRUAR/MÄRZ
Setsubun (japanweit), Frühlingsfest

MAI
Sanja Matsuri (Tokio), traditionelles Fest mit tragbaren Schreinen

JUNI
Itoman Hare (Itoman, Okinawa), Drachenbootfestival (Foto)

JULI
Sumidagawa Hanabitaikai (Tokio), Feuerwerk

Gion Matsuri (Kyoto), S. 93

Hakata Gion Yamakasa (Fukuoka), S.122

Fuji Rock Festival (Naeba, Niigata), *fujirock-eng.com*

AUGUST
Nebuta Matsuri (Aomori), traditionelles Fest, S. 49

Sendai Tanabata Matsuri (Sendai), traditionelles Fest, S. 54

Sommerfeuerwerk (Matsue), S.110

Summer Sonic (Maihama, Chiba), Musikfestival, *summersonic.com*

Earth Celebration (Sadogashima), Musikfestival, *earthcelebration.jp/en*

SEPTEMBER
Jozenji Street Jazz Festival (Sendai), S. 54

OKTOBER
Naha Otsunahiki (Naha, Okinawa), Tauziehfestival

NOVEMBER
Karatsu Kunchi (Karatsu, Saga), Schreinfestival

DEZEMBER
Chichibu Yomatsuri (Chichibu, Saitama), Nachtfestival

du mehrere Städte bereisen, hol dir schon zu Hause einen *Japan Rail Pass (japanrailpass.net/de)* für 1, 2 oder 3 Wochen. Faustregel: Eine Fahrt von Tokio nach Kyoto und zurück entspricht in etwa dem Preis für einen Japan Rail Pass für 1 Woche. Der nur in Japan erhältliche *Seishun-18-Pass (jreast.co.jp/multi/de/pass/seishun18.html)* ist günstiger, gilt aber nur für langsamere Züge und zu gewissen Zeiten.

FAHRRAD

Das Fahrrad ist eine günstige und praktische Möglichkeit, Japan zu erkunden. Verleihe gibt es viele, mehrere Städte haben Netzwerke mit Abholstationen eingerichtet. Achtung: Räder können nicht mit der Bahn transportiert werden!

IM URLAUB

FEIERTAGE

Japan hat mit 16 Tagen die meisten Feiertage eines Industrielands. Fällt ein Feiertag auf einen Sonntag, wird er am folgenden Montag nachgeholt, ein Werktag zwischen zwei Feiertagen wird als Brückentag freigegeben.

1. Jan.	Neujahr
2. Mo im Jan.	Tag der Volljährigkeit
11. Feb.	Reichsgründungstag
23. Feb.	Geburtstag des Kaisers
um den 21. März	Frühlingsanfang
29. April	Showa-Tag
3. Mai	Tag der Verfassung
4. Mai	Tag des Grüns
5. Mai	Kindertag
3. Mo im Juli	Tag des Meeres
11. Aug.	Tag des Bergs
3. Mo im Sept.	Tag der Ehrung der Alten
um den 22. Sept.	Herbstanfang
2. Mo im Okt.	Tag des Sports
3. Nov.	Tag der Kultur
23. Nov.	Tag des Dankes für die Arbeit

GELD

Japan ist ein Bargeldland, vor allem in der Provinz! Wechsle Geld am Flughafen oder heb Geld am Automaten ab. Nimm unbedingt die Geheimnummer für die Kreditkarte mit, da EC-Karten nicht akzeptiert werden. An manchen Geldautomaten kannst du ausländische Karten nicht verwenden. Immer gut zum Bargeldabheben: die Postbank (Japan Post) und die großen Convenience-Store-Ketten Seven-Eleven, Family Mart und Lawson.

INTERNETZUGANG

Kostenloses WLAN ist in Japan zunehmend verfügbar, vor allem in der Hauptstadt Tokio. Gerade in traditionellen *ryokan*-Unterkünften gibt es aber oft nur WLAN in der Lobby oder nur Internet per Kabelanschluss auf dem Zimmer.

ÖFFNUNGSZEITEN

Insbesondere bei größeren Sehenswürdigkeiten solltest du spätestens eine Stunde vor der angekündigten Schließzeit vor Ort sein. Sehenswürdigkeiten sind üblicherweise von 9 bis 17 Uhr, in den Wintermonaten häufig nur bis 16 Uhr geöffnet. Geschäfte öffnen meist erst gegen 10 oder 11 Uhr ihre Türen, bleiben aber bis mindestens 18 Uhr, häufig auch bis 20 Uhr oder noch länger geöffnet.

POST

Postämter erkennst du am roten T mit einem Balken darüber auf weißem Grund. Postkarten nach Europa kosten 70 Yen, Briefe 110 Yen. Geldautomaten in Postämtern akzeptieren internationale Kreditkarten.

PREISE

Je japanischer, desto preiswerter: Das gilt beim Einkauf im Supermarkt. Beim Essengehen bekommst du immer kostenlos Wasser, alternativ Grüntee; du musst kein Getränk bestellen. Die Preise für Sushi sind moderat, die Qualität ist spitze. Teurer als daheim sind Bier und Wein. Elektronika waren einmal billiger, heute nicht mehr unbedingt. Günstige, gute Kleidung bekommst du bei Uniqlo, GU und Muji.

TELEFON & HANDY

Die internationale Vorwahl für Japan lautet +81, danach wahlst du die entsprechende Ortsvorwahl ohne die erste 0. Mobiltelefonnummern beginnen mit 070, 080 oder 090. Dank immer besserer WLAN-Abdeckung kommst du mit deinem Smartphone von daheim in Städten einigermaßen durch, für Reisen auf dem Land mietest du dir besser am Flughafen einen WLAN-Router und/oder ein Handy mit lokaler SIM-Karte.

TOILETTEN

Toiletten in Japan sind sauber, kostenlos und zahlreich. In jedem Convenience Store – einem oft rund um die Uhr geöffneten Minisupermarkt – findest du eine Toilette. Auf dem Land gibt es mitunter noch Hock-Klos. Oft fehlen Papierhandtücher oder Handtrockner – nimm am besten ein kleines Handtuch mit.

WAS KOSTET WIE VIEL?

Softdrink	1,20 Euro *im Getränkeautomat*
Snack	1 Euro *für ein onigiri-Reisdreieck*
U-Bahn	ab 1 Euro *für ein Ticket*
Lunch-Set	8 Euro *für ein Menü*
Wein	ab 6 Euro *für ein Glas (0,2 l)*
Benzin	1,30 Euro *für einen Liter*

TRINKGELD

Trinkgeld ist in Japan unüblich. Es kann sogar als Beleidigung verstanden werden. Ein herzliches Dankeschön *(gotschissoo-ssama)* genügt.

ÜBERNACHTEN

Du hast die Wahl zwischen Businesshotels mit Bett, westlichem Frühstück und teils winzigen, aber zweckmäßigen Zimmern oder japanischen Hotels *(ryokan)* mit dünner Futonmatratze auf Reisstrohmatten, üblicherweise zwei (opulenten) Mahlzeiten japanischer Art und festen Essenszeiten. Gönn dir wenigstens eine Nacht die (teils recht kostspielige) japanische Variante; günstiger geht es in *minshuku*, familiengeführten Unterkünften im japanischen Stil. Für Alleinreisende kann es schwierig sein, ein *Ryokan-*

Zimmer mit Einzelbelegung zu buchen. Preise werden in Japan pro Person berechnet, nicht pro Zimmer.

NOTFÄLLE

DIPLOMATISCHE VERTRETUNGEN

- *Deutsche Botschaft Tokio (4-5-10 Minami-Azabu, Minato-ku | Tokyo 106-0047 | Tel. 03 57 91 77 00 | japan.diplo.de)*
- *Österreichische Botschaft Tokio (1-1-20 Moto Azabu, Minato-ku | Tokyo 106-0046 | Tel. 03 34 51 82 81 | bmeia.gv.at/oeb-tokio)*
- *Schweizerische Botschaft Tokio (5-9-12 Minami-Azabu, Minato-ku | Tokyo 106-8589 | Tel. 03 54 49 84 00 | eda.admin.ch/tokyo)*

GESUNDHEIT

Das Niveau des japanischen Gesundheitswesens ist hoch, die sprachlichen Hürden sind es allerdings auch. Über die Hotline *Himawari Medical Information Service (Tel. 03 52 85 81 81 | tgl. 9–20 Uhr)* erhältst du auf Englisch Auskunft zu passenden Praxen, Kliniken und Apotheken. Große Krankenhäuser in Tokio wie das St. Luke's International Hospital am Bahnhof Tsukiji und das Japan Red Cross Medical Center am Bahnhof Hiroo haben Personal mit Englischkenntnissen.

NOTFALLNUMMERN

Polizei: *1 10*
Englischsprachige Helpline *(Mo–Fr außer feiertags 8.30–17.15 Uhr): Tel. 03 35 01 01 10 oder #91 10*
Krankenwagen, Feuerwehr: *1 19*
Tokyo English Life Line (TELL) bei psychischen Problemen *(Mo–Do 9–23, Fr–So 9–14 Uhr): Tel. 03 57 74 09 92*

WICHTIGE HINWEISE

FKK

FKK und Oben-ohne-Sonnen sind in Japan verpönt. Trag wegen der Sonnenstrahlung, die stärker als in Europa ist, am besten lange Ärmel/Hosen oder *rash guards* (Sonnenschutzkleidung). Und nimm Sonnencreme mit Lichtschutzfaktor 50.

FOTOGRAFIEREN

In vielen Tempeln und Schreinen ist es im heiligsten Bereich verboten zu fotografieren. Wenn du Personen ablichten willst, bringt dich ein freundliches *sumimasen* (Entschuldigung) mit Gesten weiter.

SICHERHEIT

Japan ist ein sehr sicheres Reiseland, Diebstähle und Betrug sind selten. Drogenbesitz und -nutzung werden hart bestraft. Grapschen *(chikan)* in der Bahn zur Rush-Hour ist ein Problem; die offizielle Zahl sexueller Übergriffe ist niedrig, die Dunkelziffer deutlich höher. Da gerade in Großstädten rund um die Uhr Menschen auf der Straße sind, kann man sich als Frau nachts allein ziemlich sicher fühlen. Ausgeh- und Rotlichtviertel sind Territorium der japanischen Mafia (Yakuza), sei daher wegen der Gefahr von K.-o.-Tropfen in Drinks und Betrug mit Gebühren für Getränke und Barbesuche wachsam und geh nicht auf Angebote von Schleppern ein.

NATURGEFAHREN

Im August und September ist Taifunsaison. Die Stürme können den öffentlichen Verkehr massiv beeinträchtigen und begleitet von heftigen Regenfällen zu Überschwemmungen und Erdrutschen führen. Such bei stärkeren Erdbeben Schutz unter Hauseingängen, Türrahmen, unter dem Tisch oder neben dem Bett. Behalt die Ruhe und renn nicht nach draußen, wo das Risiko durch Herabfallendes noch höher ist. Heftige Erdbeben können außerdem Tsunamis auslösen. Such daher nach starken Erdstößen höher gelegene Gebiete oder stabile, hohe Gebäude auf. Japanisches Wetteramt mit aktuellen Katastrophenwarnungen: *jma.go.jp*

TIERE

Die allgegenwärtigen Kakerlaken sind eklig, aber ungefährlich, am besten wirken spezielle Sprays. Stechmücken piesacken dich im Sommer häufig, sind aber harmlos. Erwäg eine Impfung gegen die von Mücken übertragene Japan-Enzephalitis bei längeren Reisen in ländliche Gebiete. Einheimische Spinnen sind ungiftig, ebenso die meisten Schlangen. Im Norden der Hauptinsel Honshu sowie auf Hokkaido leben Bären – eine Begegnung kann lebensgefährlich sein. Vermeide die Dämmerung, beachte Warnungen und trag vorsorglich ein Glöckchen am Rucksack.

WETTER IN TOKIO

	JAN.	FEB.	MÄRZ	APRIL	MAI	JUNI	JULI	AUG.	SEPT.	OKT.	NOV.	DEZ.
Tagestemperaturen	9°	10°	13°	18°	23°	25°	29°	31°	27°	21°	17°	12°
Nachttemperaturen	1°	2°	4°	10°	14°	18°	22°	23°	20°	14°	9°	4°
Sonnenschein Stunden/Tag	6	5	5	5	6	4	4	6	4	4	5	5
Niederschlag Tage/Monat	4	6	9	10	10	12	10	8	11	9	6	4
Wassertemperatur in °C	16	14	14	16	18	21	24	26	25	22	20	17

Sonnenschein Stunden/Tag · Niederschlag Tage/Monat · Wassertemperatur in °C

SPICKZETTEL JAPANISCH

SMALLTALK

ja/nein/vielleicht	はい/いいえ/たぶん	hai/ije/tabun
bitte/danke	どうぞ/ありがとう	dohso/arigatoh
Hallo!/Tschüss!	こんにちは/それじゃ、またね	Konnitschiwa!/Sore dscha, mata ne!
Ich heiße …	… と申します	… to mohschimass.
Wie heißt du?/Wie heißen Sie?	名前は何ですか/お名前を教えてください	Nama-e wa nan dess ka?/Onama-e o oschijete kudassai
Ich komme aus …	… から来ました	… kara kimaschta
Entschuldigen Sie!	すみません	Ssumimas-sen!
Wie bitte?	すみません。もう一度お願いします	Ssumimas-sen. Moh itschido onegai schimass.
Das gefällt mir (nicht).	… は気に入りました（入りません）	… wa ki ni irimaschta (irimasen).
Ich möchte …/Ich suche …	… を探しています	… o sagaschte imass.

ZEIGEBILDER

ESSEN & TRINKEN

Reservieren Sie uns bitte für heute Abend einen Tisch für vier Personen.	今夜の四人分の席を予約したいのですが	Konja no joninbun no seki o jojaku schtai no dess ga.
Die Speisekarte, bitte.	メニューをお願いします	Menjuh o onegai schimass.
Könnte ich bitte … haben?	… を頂いてもいいですか	… o itadaite mo ih dess ka?
Salz/Pfeffer/Zucker	塩/胡椒/砂糖	schio/koschoh/satoh
Bäckerei	パン屋	pan-ja
Markt	市場	itschiba
Supermarkt	スーパー	suhpah
Ich möchte zahlen, bitte.	お勘定お願いします	O-kandschoh onegai schimass.
bar/Kreditkarte	現金/クレジットカード	genkin/kredschitto kahdo

NÜTZLICHES

Wo ist …?/Wo sind …?	… はどこですか	… wa doko dess ka?
Wie viel kostet …?	… はいくらですか	… wa ikura dess ka?
Wie viel Uhr ist es?	今何時ですか	Ima nandschi dess ka?
heute/morgen/gestern	今日/明日/昨日	kjoh/aschta/kinoh
offen/geschlossen	開いています/閉まっています	aite-imass/schimatte-imass
rechts/links	右/左	migi/hidari
kaputt/funktioniert nicht	壊れています	kowarete-imass
Fahrplan/Fahrschein	時刻表/切符	dschikokkuhioh/kippu
Internetzugang/WLAN	インターネット接続/無線LAN	intahnetto ssezusokku/musen-lahn
Fieber/Schmerzen	熱/痛み	nezzu/itami
Apotheke/Drogerie	薬局/ドラッグストア	jak-kjokku/draggstoa
Hilfe!/Achtung!	助けて/気をつけて	tasskette/ki o zkette
0/1/2/3/4/5/6/7/8/9/10/100/1000	ゼロ/一/二/三/四/五/六/七/八/九/十/百/千	sero/itschi/ni/san/jonn/go/rokk/nana/hatschi/kjuh/dschuh/hjakku/ssenn

URLAUBS FEELING

ZUM EINSTIMMEN & AUSKLINGEN

LESESTOFF & FILMFUTTER

SAYONARA, BULLE

Ein norddeutscher Provinzpolizist wird nach Tokio strafversetzt und ermittelt unversehens im Yakuza-Milieu. Fesselnder Krimi mit hohem Schmunzelfaktor, locker geschrieben vom früheren Ostasien-Korrespondenten der FAZ, Carsten Germis. (2015)

DAS JAPAN-KOCHBUCH: BILDER, REZEPTE, GESCHICHTEN

Kenichi Kusano, ein in Deutschland lebender Japaner, entdeckt über die Rezepte seiner Oma, Mutter und Tante die Küche seines Heimatlands neu. Wunderschön illustriert. (2012)

NOKAN – DIE KUNST DES AUSKLANGS

Ein Cellist, dessen Orchester aufgelöst wird, bewirbt sich um eine Stelle als „Reisebegleiter" – und findet sich als Leichenwäscher wieder. 2009 mit dem Oscar für den besten fremdsprachigen Film ausgezeichnet. (Regie: Yojiro Takita)

GRÜSSE AUS FUKUSHIMA

Doris Dörrie liebt es, in Japan zu drehen. Ihr Film „Grüße aus Fukushima" thematisiert die Freundschaft zwischen einer alten Geisha und einer jungen Deutschen. (2016)

PLAYLIST QUERBEET

0:58

ONE OK ROCK – MIGHTY LONG FALL
Energiegeladener Alternative Rock mit englischen und japanischen Texten, der auch in den USA und Europa seine Fans hat

MASAHARU FUKUYAMA – SAI-AI
Traurige Ballade mit Klavierbegleitung über eine verlorene Liebe des Songwriters, der zuweilen auch als Schauspieler auftritt

KOBUKURO – TSUBOMI
Wohl einer der bekanntesten japanischen Popsongs

ANGELA AKI – TEGAMI: HAIKEI JUGO NO KIMI E
Gefühlvoller Song der Singer-Songwriterin und Pianistin

SAYURI ISHIKAWA – TSUGARU-KAIKYO FUYUGESHIKI
Größter Hit einer der erfolgreichsten Sängerinnen von *enka* (volkstümlichen Schlagern)

Den Soundtrack zum Urlaub gibt's auf **Spotify** unter **MARCO POLO Japan**

Oder Code mit Spotify-App scannen

AB INS NETZ

JAPAN TRAVEL
Die App von Navitime ist ein Rundum-sorglos-Werkzeug. Sie zeigt dir Karten auch offline an und wo du WLAN finden, Gepäck abstellen oder Geld tauschen kannst (auf Englisch).

TABIBITO.DE
Erfrischende Beiträge zu aktuellen Geschehnissen vom MARCO POLO Autor, der seit 2005 in Japan lebt.

ONLY IN JAPAN
John Daub, der gut Japanisch spricht, führt auf Englisch sympathisch durch Japan und klappert in kurzen Videos Bekanntes bis Kurioses ab. youtube.com/user/ONLYinJAPANWAORYU

ASIENSPIEGEL.CH
Jan Knüsel ist Japanologe, Journalist und Filmemacher. Er betreibt einen Youtube-Kanal sowie einen ständig aktualisierten Nachrichtenblog rund um Japan.

GURUNAVI
Die Gourmet-App weist dir den Weg zu kulinarischen Genüssen in der Nähe mit Tipps von Ortsansässigen.

TRAVEL PURSUIT

DAS MARCO POLO URLAUBSQUIZ

Weißt du, wie Japan tickt? Teste hier dein Wissen über die kleinen Geheimnisse und Eigenheiten von Land und Leuten. Die Lösungen findest du in der Fußzeile. Und ganz ausführlich auf den S. 18–23.

❶ Wie oft essen Japaner durchschnittlich Sushi?
a) beinahe täglich
b) einmal im Monat
c) jeweils bei Vollmond

❷ Warum binden Besucher von Tempeln und Schreinen weiße Zettel auf dem Gelände fest?
a) Sie finden keinen Mülleimer.
b) Sie hoffen, dass die Nähe zu den Göttern Negatives abwendet.
c) Sie finden das hübsch – so wie Christbaumschmuck in Europa.

❸ Wie viel Geld muss ein Mann im Jahr verdienen, um als attraktiver Ehepartner zu gelten?
a) Geld spielt keine Rolle.
b) 32 000 Euro
c) 50 000 Euro

❹ Ärger deutlich zu zeigen, gilt in Japan als …
a) … erwünscht
b) … akzeptiert
c) … kindisch

❺ Wie viel Prozent der Babys kommen in Japan außerehelich zur Welt?
a) 10 Prozent
b) 20 Prozent
c) 2 Prozent

Lösungen: 1b, 2b, 3b, 4c, 5c, 6b, 7b, 8b, 9c, 10a, 11a

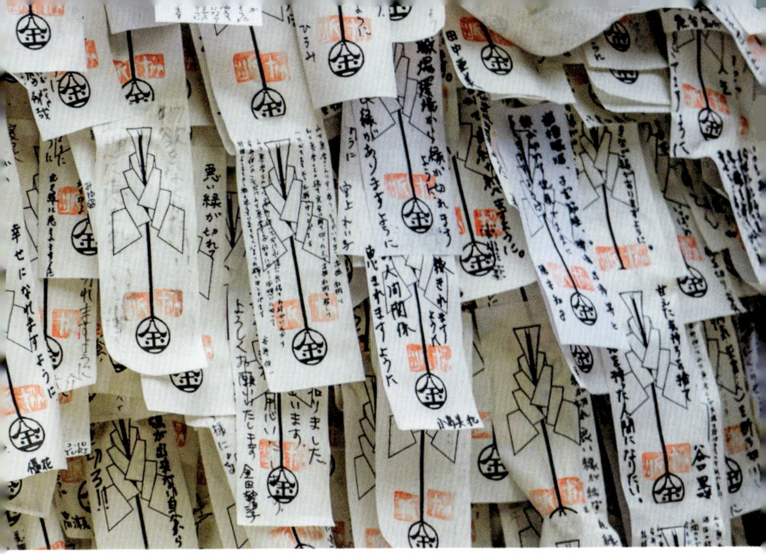

Sind die Zettelchen Müll, Schmuck oder Ritual? Darüber lässt sich orakeln

❻ Wie heißt der derzeitige japanische Kaiser?

a) Akihito
b) Naruhito
c) Hirohito

❼ Wer fährt in Tokio mit Trucks durch die Stadt und spielt laute Marschmusik?

a) volkstümliche Künstler
b) rechtsradikale Nationalisten
c) die Müllabfuhr

❽ Wann richtete Japan erstmals Olympische Spiele aus?

a) 1940
b) 1964
c) 1972

❾ Wie lange schließen sich *hiki-komori,* Menschen, die sich von der Gesellschaft zurückziehen, im Durchschnitt in ihrem Zimmer ein?

a) sechs Monate
b) drei Jahre
c) elf Jahre

❿ Wann zeigt man in Japan seine wahre Meinung und aufrichtigen Gefühle?

a) beim Feierabendbier
b) nie
c) immer, am besten sofort

⓫ Wer wird am Tokioter Yasukuni-Schrein als gottgleich verehrt?

a) 2,5 Mio. Soldaten und Zivilisten, die seit 1869 in Kriegen starben
b) Berühmte Kabuki-Theater-Darsteller
c) die Seelen des Meiji-Kaisers und seiner kaiserlichen Gefährtin Shoken

REGISTER

LOB ODER KRITIK? WIR FREUEN UNS AUF DEINE NACHRICHT!

Trotz gründlicher Recherche schleichen sich manchmal Fehler ein. Wir hoffen, du hast Verständnis, dass der Verlag dafür keine Haftung übernehmen kann.

**MARCO POLO Redaktion • MAIRDUMONT • Postfach 31 51
73751 Ostfildern • info@marcopolo.de**

Impressum
Titelbild: Kirschblüte (huber-images/AFLO: A. Tagami)
Fotos: AWL Images: M. Colombo (6/7); huber-images: T. Draper (108), S. Kremer (9), M. Rellini (158/159); R. Köhler (85); Laif: D. Gebhart de Koekkoek (115), T. Kierok (35, 74, 88), M. Kirchgessner (26/27, 30/31), F. Moleres (122), T. & B. Morandi (Klappe hinten, 24/25), Ch. Papsch (14/15), J. M. Park (128), J. F. Raga (100/101), J. Souteyrat (64); Laif/Arcaid: B. Simmons (58/59); Laif/hemis.fr: F. Guiziou (31, 105, 107); Laif/Le Figaro Magazine: Martin (136/137, 139); Laif/robertharding: G. Hellier (77); Look: E. Kapitza (10); Look/age fotostock (Klappe vorne außen, Klappe vorne innen/1, 11, 63, 68); Look/Minden (132); mauritius images: J. F. Raga (98, 112), S. Vidler (12/13, 95), J. Warburton-Lee (2/3, 78/79); mauritius images/age fotostock: (19, 50, 92, 151), L. Vallecillos (43); mauritius images/Alamy: C. Cazottes (135), Image navi QxQ images (144), T. Jones (82, 86), S. Pavone (121), U. Switucha (55); mauritius images/Alamy/China Span: K. Su (143); mauritius images/Diversion (38/39, 46, 116/117, 130/131, 148/149); mauritius images/imagebroker: O. Maksymenko (67); mauritius images/Minden Pictures (8); mauritius images/SMART (27); mauritus images/robertharding (125); picture-alliance/AP Images: K. Muto (48/49), M. Nagaoki (97); picture-alliance/dpa/epa: C. Jue (71); picture-alliance/dpa/TASS: Y. Smityuk (32/33); picture-alliance/Mint Images (20); picture-alliance/NurPhoto: O. Rupeta (23), picture-alliance/Phanie: Voisin (160/161); M. Reich (163); Shutterstock: S. Pavone (110/111), wenilou (56)

13., aktualisierte Auflage 2024

Autoren: Sonja Blaschke, Matthias Reich; Redaktion: Anja Lehner; Bildredaktion: Anja Schlatterer
Kartografie: © 2023 KOMPASS-Karten GmbH, A-6020 Innsbruck; MAIRDUMONT, D-73751 Ostfildern (S. 36–37, 138, 141, 147, Umschlag außen); © 2023 KOMPASS-Karten GmbH, A-6020 Innsbruck; DuMont Reiseverlag, D-73751 Ostfildern (Faltkarte Nebenkarten); © 2023 KOMPASS-Karten GmbH, kompass.de unter Verwendung von © OpenStreetMap Contributors, osm.org/copyright (S. 40–41, 44, 60–61, 72, 80–81, 91, 102–103, 118–119, 127). Als touristischer Verlag stellen wir bei den Karten nur den De-facto-Stand dar. Dieser kann von der völkerrechtlichen Lage abweichen und ist völlig wertungsfrei.
Gestaltung Cover, Umschlag und Faltkartencover: bilekjaeger_Kreativagentur mit Zukunftswerkstatt, Stuttgart;
Gestaltung Innenlayout: Langenstein Communication GmbH, Ludwigsburg
Spickzettel: in Zusammenarbeit mit PONS Langenscheidt GmbH, Stuttgart
Texte hintere Umschlagklappe: Lucia Rojas
Konzept Coverlines: Jutta Metzler, bessere-texte.de
Printed in China

FSC www.fsc.org
MIX
Papier aus verantwortungsvollen Quellen
FSC® C124385

MARCO POLO AUTOR
MATTHIAS REICH
Die erste große Asienreise führte den Geografen und jetzigen Geschäftsführer einer IT-Firma 1996 bis nach Japan. Dort blieb er nach weiteren Aufenthalten 2005 schließlich hängen. An Japan liebt er den Kontrast von stiller Natur und schrillen Städten, das feine Essen, die Gastfreundschaft und die Leidenschaft der Archipelbewohner. Matthias Reich ist ausgewiesener Kyushu-Fan. Mehr auf tabibito.de/japan.

BLOSS NICHT!

FETTNÄPFCHEN UND REINFÄLLE VERMEIDEN

VERGESSEN, DIE SCHUHE AUSZUZIEHEN

Ständig musst du Schuhe fix aus- und anziehen, etwa in Tempeln, Restaurants, Toiletten und Räumen mit Tatamimatten. Absolutes No-Go: Nach dem Toilettenbesuch die dafür bereitgestellten Schuhe anzubehalten!

LAUT WERDEN

Große Gefühle zeigt man in Japan nicht laut, sondern dezent. Sonst erntest du peinlich berührte Blicke. Bist du verschnupft, darfst du aber gerne die Nase geräuschvoll hochziehen – nur nicht laut schnäuzen!

ZU WENIG ENTSCHULDIGEN

Du wirst in den Tokioter Menschenmassen von hinten angerempelt? Sag *sumimasen* (sorry). Lieber einmal zu viel entschuldigen als zu wenig! Aber nicht zu detailliert, das wird als Ausflucht ausgelegt. Kurz und aufrichtig genügt! Gern gesehen wird auch, schon bei Verspätungen von wenigen Minuten Bescheid zu geben.

ABFALL FALSCH WEGWERFEN

In Japan wird mindestens nach brennbarem und nicht brennbarem Müll getrennt, oft noch nach Plastikflaschen und Papier. Abfalleimer sind selten, die besten Chancen hast du an Bahnhöfen oder im Convenience Store.

AM UNPASSENDEN ORT ESSEN

Sosehr Japaner kulinarische Genüsse lieben – für alles gibt es einen passenden Moment. Und der ist nicht im Gehen und in Bahnen – außer in touristischen Zügen und im Shinkansen. Dort packen viele gerne Bento-Box und Bier aus.